Introdução à segurança portuária e aeroportuária

Introdução à segurança portuária e aeroportuária

Melkzedek Calabria

Rua Clara Vendramin, 58 . Mossunguê
CEP 81200-170 . Curitiba . PR . Brasil
Fone: [41] 2106-4170
editora@intersaberes.com
www.intersaberes.com

Conselho editorial Dr. Alexandre Coutinho Pagliarini | Dr.ª Elena Godoy | Dr. Neri dos Santos | Dr. Ulf Gregor Baranow

Editora-chefe Lindsay Azambuja

Gerente editorial Ariadne Nunes Wenger

Assistente editorial Daniela Viroli Pereira Pinto

Preparação de originais Belaprosa

Edição de texto Natasha Saboredo | Palavra do Editor

Capa Charles L. da Silva (*design*) | Aun Photographer, phive, Tungphoto, Sylwia Brataniec, Pakorn Khantiyaporn, algre, stefan11 e junpiiiiiiiiiii/Shutterstock (imagens)

Projeto gráfico Raphael Bernadelli | Sílvio Gabriel Spannenberg

Diagramação Jakline Dall Pozzo dos Santos

Designer responsável Charles L. da Silva

Iconografia Regina Claudia Cruz Prestes | Sandra Lopis da Silveira

Dados Internacionais de Catalogação na Publicação (CIP)
(Câmara Brasileira do Livro, SP, Brasil)

Calabria, Melkzedek
   Introdução à segurança portuária e aeroportuária/Melkzedek Calabria. Curitiba: InterSaberes, 2022.

   Bibliografia.
   ISBN 978-65-5517-287-4

   1. Aeronáutica comercial – Medidas de segurança 2. Aeroportos – Medidas de segurança 3. Cargas e descargas – Manuseio – Medidas de segurança 4. Logística (Organização) 5. Portos – Medidas de segurança I. Título.

21-90165   CDD-387.7-387.1

Índices para catálogo sistemático:
1. Segurança aeroportuária   387.7
2. Segurança portuária   387.1

Cibele Maria Dias – Bibliotecária – CRB-8/9427

1ª edição, 2022.

Foi feito o depósito legal.

Informamos que é de inteira responsabilidade do autor a emissão de conceitos.

Nenhuma parte desta publicação poderá ser reproduzida por qualquer meio ou forma sem a prévia autorização da Editora InterSaberes.

A violação dos direitos autorais é crime estabelecido na Lei n. 9.610/1998 e punido pelo art. 184 do Código Penal.

Sumário

Apresentação, 9

Introdução, 13

1 **Órgãos marítimos e portuários brasileiros e suas competências, 15**
   1.1 Conportos e Cesportos, 19
   1.2 Departamento de Polícia Federal, 22
   1.3 Capitania dos Portos, 26
   1.4 Secretaria da Receita Federal, 28
   1.5 Administração portuária, 31
   1.6 Governo do Estado, 33

2 **Diretrizes para segurança portuária, 35**
   2.1 Organização Mundial de Aduanas, 38
   2.2 International Maritime Organization (IMO) e International Ship and Port Facility Security Code (ISPS Code), 40
   2.3 Safe Port Act, 44

2.4   Container Security Initiative (CSI), 45
2.5   ISPS Code no Brasil, 46

3   Programa para segurança portuária, 53
3.1   Customs Trade Partnership Against Terrorism (CTPAT), 54
3.2   World Basc Organization (WBO), 57
3.3   Operador econômico autorizado (OEA), 60
3.4   NBR ISO 28000 – Gestão de segurança para a cadeia logística, 65
3.5   NBR ISO 31000 – Gestão de riscos, 68

4   Proteção das instalações portuárias, 75
4.1   Avaliação da proteção das instalações portuárias, 76
4.2   Identificação da infraestrutura e dos bens que devem ser protegidos, 78
4.3   Identificação das possíveis ameaças, 81
4.4   Contramedidas de segurança e identificação de vulnerabilidades, 82
4.5   Metodologia e análise de risco, 85
4.6   Recursos para proteção das instalações portuárias, 88

5   Órgãos envolvidos no modal aéreo e suas competências, 91
5.1   Secretaria de Aviação Civil (SAC), 96
5.2   Agência Nacional de Aviação Civil (Anac), 97
5.3   Empresa Brasileira de Infraestrutura Aeroportuária (Infraero), 102
5.4   Departamento de Controle do Espaço Aéreo (Decea), 106
5.5   Sistema de Prevenção de Acidentes Aeronáuticos (Sipaer) e Centro de Investigação e Prevenção de Acidentes Aeronáuticos (Cenipa), 114

5.6 Sistema SAR Aeronáutico, 120

5.7 Centro de Coordenação de Salvamento (RCC), 120

5.8 Centro Brasileiro de Controle de Missão Cospas-Sarsat (BRMCC), 122

6 Proteção das instalações aeroportuárias, 123

6.1 Avaliação da proteção das instalações aeroportuárias, 124

6.2 Sistema de Gerenciamento de Segurança Operacional (SGSO), 126

6.3 Identificação da infraestrutura e dos bens que devem ser protegidos, 130

6.4 Identificação das possíveis ameaças, 134

6.5 Contramedidas de segurança e identificação de vulnerabilidades de aeronaves e aeroportos, 138

6.6 Metodologia e análise de risco, 148

6.7 Recursos para proteção das instalações aeroportuárias, 157

6.8 *Foreign Object Damage* (FOD), 159

Considerações finais, 163

Lista de siglas, 165

Referências, 169

Sobre o autor, 179

Apresentação

EMBORA TRATEMOS DO TEMA DA SEGURANÇA PORTUÁRIA E aeroportuária levando em consideração a realidade brasileira, haverá sempre um amparo paralelo de bases legais internacionais. Isso porque toda a cadeia logística só é possível se fundamentada em documentos padronizados, seguindo-se normas igualitárias – mesmo que se respeite a individualidade de cada Estado – estabelecidas no ambiente internacional e rigidamente inspecionadas pelas entidades locais, na maioria governamentais.

É importante salientar que, para a padronização das operações, é necessário obedecer às normas existentes, devendo-se observar que estas sofrem alterações constantes em virtude, principalmente, da segurança internacional, o que pode gerar impactos e mudanças nos regimentos em questão e provocar alterações repentinas no conteúdo abordado neste livro. Porém, de certa forma, os tópicos aqui tratados dizem respeito a padrões operacionais aplicados já há muitos anos em quase todos os países.

Assim, a presente obra visa auxiliar no aprimoramento dos conhecimentos relacionados aos modais de transportes marítimos e aéreos. O objetivo não é aprofundar esse tema, até por se tratar de algo bastante vasto e especificamente técnico, pertinente a esse universo relacionado a uma logística modal bastante complexa – do ponto de vista da segurança operacional – e com delicadas ligações que concernem a questões muito particulares, boa parte em resposta às leis que permeiam o setor. Todavia, contribuirá para que se deem os primeiros passos na construção desse conhecimento, visando esclarecer as ações tomadas para os trabalhos associados principalmente à segurança operacional desse setor.

Para alcançarmos os objetivos deste livro – o estudo de temas relacionados aos órgãos marítimos e aéreos, nacionais e internacionais, bem como dos processos adotados nesses meios para garantir a segurança de suas operações –, dividimos os conteúdos em seis capítulos.

No Capítulo 1, tratamos dos órgãos marítimos e portuários. No Capítulo 2, damos enfoque às diretrizes para a segurança portuária no Brasil. Já no Capítulo 3, voltamos nossa atenção ao programa de segurança portuária e, no Capítulo 4, à proteção das instalações portuárias. No Capítulo 5, discutimos as competências dos órgãos aeronáuticos envolvidos nas operações de transporte. Por fim, no Capítulo 6, analisamos as condições de segurança das instalações aeroportuárias.

Esta obra não tem apenas o propósito de guiá-lo, leitor, na construção de um conhecimento técnico ou acadêmico sobre determinados assuntos. Antes de qualquer objetivo nessa direção, buscamos despertar o objeto central da educação. Tsunessaburo Makiguti, educador japonês no período da Segunda Guerra Mundial e pai da teoria de criação de valor, definiu a educação como a forma mais realista de o ser humano alcançar a felicidade – entendida aqui nas mais diversas concepções –, pois, por seu intermédio, ele é capaz de criar valor. Uma vez que não há como desassociar a felicidade da criação de valor, visto que o ser humano só é real e completamente feliz por ser um criador de valor, Makiguti (1989) entende que, mediante a educação, encontraremos uma forma de incentivar cada indivíduo a criar valores, visando melhorar a própria vida e a da sociedade em que vive. Dessa forma, a vida pessoal e a rede de relações interdependentes se intensificariam.

Com a leitura deste livro, desejamos que você, leitor, possa adquirir novos conhecimentos que elevem não apenas seu domínio do conteúdo aqui abordado, que será útil ao seu processo de formação profissional. Almejamos que, ao final dos estudos, tais conhecimentos sejam usados como espada na luta pela felicidade, elevando ainda mais sua sabedoria e abrindo novos caminhos em direção a ela.

Introdução

O BRASIL, POR TER DIMENSÕES CONTINENTAIS E HISTORICAmente ser dotado de forte impulso econômico, movido por importações e exportações, assim como grande volume de negócios ligados ao turismo, detém elevado grau de atividades que movem os modais de transporte náutico e aéreo. Todas elas trazem riscos que envolvem as pessoas, o patrimônio e a infraestrutura de que se precisa para que ocorram de forma adequada.

Não há como conceber atualmente qualquer grau de informalidade quando nos deparamos com as imensas operações de tráfego de pessoas e bens, tanto nos modais aéreos quanto nos marítimos. As variáveis que implicam riscos e aproximam perigos são demasiadamente grandes para que se assuma o risco de não seguir procedimentos rígidos e receber elevadas penalizações por infrações a esses procedimentos.

Mitigar riscos, afastar perigos, conhecer as regras e aplicá-las para reduzir ao máximo o risco e o perigo nas operações portuárias e aeroportuárias são os temas centrais abordados nesta obra. Além de se aprofundar no conteúdo que ela oferece, faz-se necessário buscar nas referências bibliográficas que a fundamentam maior conhecimento sobre o assunto. A troca de informações com profissionais atuantes na área certamente também tem potencial para ampliar e enriquecer ainda mais o domínio das temáticas exploradas neste livro.

1

Órgãos marítimos e portuários brasileiros e suas competências

Iniciaremos nosso estudo buscando demonstrar como estão atualmente a estrutura e a organização dos órgãos marítimos e portuários no âmbito da gestão governamental brasileira. Para isso, é importante esclarecer que, no Brasil, a gestão e a coordenação dos modais portuários e aeroportuários são atribuições diretas do governo brasileiro (civil e militar). Há, ainda, uma divisão dessas tarefas com empresas privadas, em sua maioria parceiras subcontratadas, que contribuem nesses esforços, visto que se trata de um ambiente altamente delicado e crítico, como veremos mais adiante.

Atualmente, existem 36 portos públicos no país, parte deles administrada diretamente pela União, por meio da Companhia das Docas, e outra parte com administração delegada aos municípios, aos estados ou a consórcios públicos (Brasil, 2015c). A Figura 1.1 apresenta a estrutura dos portos no país dividida conforme sua administração.

Figura 1.1 – **Mandala do setor portuário nacional**

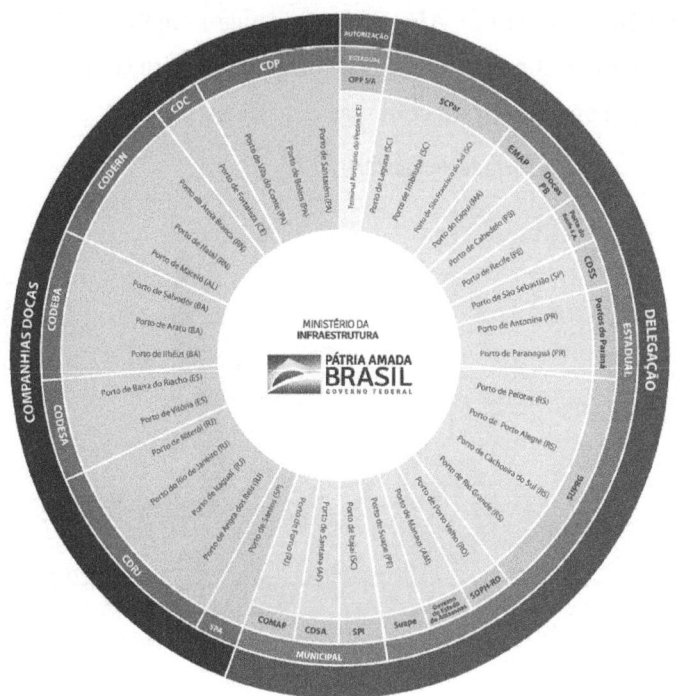

Fonte: Brasil, 2015c.

É importante salientar a existência de duas categorias de portos aquaviários: **marítimos** e **fluviais**. Levando-se em conta as características geográficas nas áreas em que eles operam, a forma de navegação poderá ser dividida em **navegação de longo** e **de curto curso**. Nesse caso, a decisão estará diretamente ligada ao tamanho do trecho a ser percorrido pelas embarcações que navegarão por eles.

Na maioria das vezes, os portos fluviais são classificados como de navegação de curto curso e são de pequeno porte. Entretanto, podemos citar o exemplo de um porto fluvial de grande porte e com navegação de longo curso, o Porto de Manaus (Figura 1.2). Além de geograficamente extenso, ele também recebe embarcações de origem marítima em virtude de sua conexão direta com vias oceânicas.

Figura 1.2 – Vista do Porto de Manaus (AM)

Os portos marítimos e fluviais brasileiros são de extrema importância para a logística de transporte de carga e turismo, visto que são responsáveis por resultados relevantes no cenário econômico nacional. Em razão de suas dimensões continentais, essa forma de transporte – introduzida desde a época do descobrimento – contribui de maneira única para nossas exportações e importações. Além disso, constitui um segmento gerador de muita mão de obra, movimentando também nossa economia.

Outro ponto a ser destacado é que a administração desses portos é bastante complexa, como demonstraremos neste capítulo, e conta com uma imensa rede de órgãos e departamentos que atuam nas mais diversas competências relacionadas à segurança da navegação, em virtude das ações ilícitas, assim como à gestão logística como um todo.

Lembre-se sempre de que a gestão e a logística do modal portuário são complexas e detêm uma rede interligada entre todas as áreas. Isso só é possível atualmente graças às tecnologias utilizadas entre os órgãos e departamentos envolvidos, que precisam "conversar" entre si, por assim dizer. Essa configuração ajuda a garantir a eficiência, a qualidade e, principalmente, a segurança logística nesse modal.

1.1 Conportos e Cesportos

A Comissão Nacional de Segurança Pública nos Portos, Terminais e Vias Navegáveis (Conportos) foi criada em 1995 e é composta por diversos órgãos governamentais que, juntos, têm o objetivo de elaborar e implementar o sistema de prevenção e repressão a atos ilícitos nos portos, terminais e vias navegáveis.

Conforme divulgado pelo Portal do Ministério da Justiça e Segurança Pública (Brasil, 2020), entre esses órgãos estão:

> Ministério da Justiça e Segurança Pública, por indicação da Polícia Federal;
> Ministério da Defesa, por indicação do Comando da Marinha;
> Ministério das Relações Exteriores;
> Ministério da Economia, por indicação da Secretaria Especial da Receita Federal do Brasil;

› Ministério da Infraestrutura;
› Agência Nacional de Transportes Aquaviários.

Confira na Figura 1.3 como está atualmente estruturado o setor portuário brasileiro. Nela destacamos sua administração dentro da Unidade de Segurança, que também está ligada diretamente ao Estado.

Figura 1.3 – *Setor portuário brasileiro e a Cesportos dentro da estrutura da segurança pública*

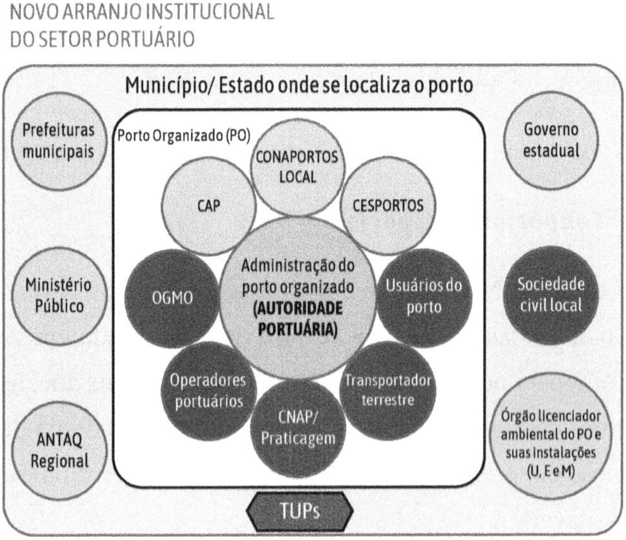

Fonte: Porto de Itajaí, 2018, p. 9.

Para que esses objetivos sejam alcançados, os componentes do time de profissionais – todos indicados e nomeados pelo Ministério da Segurança Pública – têm entre suas atribuições as seguintes competências:

› descrever normas de segurança pública nos portos, terminais e vias navegáveis;

- elaborar projetos de segurança pública que abranjam suas competências (portos, terminais e vias navegáveis), buscando auxílio em esfera internacional com a Organização Marítima Internacional (International Maritime Organization – IMO) para viabilidade técnica e econômica, de modo a apresentar aderência para implementação local;
- propor aperfeiçoamento da legislação pertinente, inclusive consolidação de leis e regulamentos;
- orientar as comissões estaduais (Cesportos), no que for cabível, entre outras (Brasil, 2022a).

Importante ressaltar que na estrutura da Conportos existem as Comissões Estaduais de Segurança Pública nos Portos, Terminais e Vias Navegáveis (Cesportos), que são comissões similares, mas com atuação na esfera estadual, que tratam de assuntos relacionados à segurança pública nos portos, terminais e vias navegáveis.

A Conportos tem ainda as seguintes competências relacionadas à implementação do sistema de prevenção e repressão a atos ilícitos nos portos:

a) baixar normas, em nível nacional, sobre segurança pública nos portos, terminais e vias navegáveis;

b) elaborar projetos específicos de segurança pública nos portos, terminais e vias navegáveis e, por via diplomática, buscar, junto à Organização Marítima Internacional (IMO), assistência técnica e financeira de países doadores e instituições financeira internacionais;

c) apresentar sugestões às autoridades competentes para o aperfeiçoamento da legislação pertinente, inclusive consolidação de leis e regulamentos;

d) avaliar programas de aperfeiçoamento das atividades de segurança pública nos portos, terminais e vias navegáveis;

e) manter acompanhamento estatístico dos ilícitos penais ocorridos nos portos, terminais e vias navegáveis e dos resultados das investigações e das punições aplicadas;

f) encaminhar aos órgãos competentes avaliações periódicas sobre as necessidades relativas à segurança pública nos portos, terminais e vias navegáveis;

[...]

h) criar e instalar Comissões Estaduais de Segurança Pública nos Portos, Terminais e Vias Navegáveis, fixando-lhes as atribuições;

i) orientar as Comissões Estaduais, no que for cabível;

j) gerenciar crises, relativas à segurança pública, quando necessário, em apoio às cesportos. (Brasil, 2002, p. 5-6)

1.2 Departamento de Polícia Federal

Atualmente, o país tem diversos órgãos de segurança voltados à proteção do cidadão, assim como de bens e locais públicos. Todos são geridos pelo governo brasileiro, cada qual em sua jurisprudência de acordo com o local de atuação. Por exemplo, a polícia municipal responderá diretamente ao governo do município em que atua.

A Polícia Federal (PF) é um órgão de segurança nacional, ligado diretamente ao governo federal, que atualmente tem um escopo de trabalho investigativo. Atua de forma estratégica como apoio a órgãos federais e na resolução de crimes da esfera federal. A PF também age de forma preventiva e preditiva, já que utiliza sua força de inteligência secreta para a resolução de crimes, em casos de terrorismo, lavagem de dinheiro, desvios de recursos públicos e violação dos direitos humanos.

A PF também trabalha de forma coligada com outras instituições internacionais, dando apoio a operações de intercooperação investigativa, promovendo a ordem e resguardando o cidadão de crimes adversos. Além disso, atua na proteção de chefes de Estado (autoridades que representam o país, como o presidente da República), cumprindo um papel importante na segurança pública. Do mesmo modo, agindo de maneira isenta, protege o cidadão de autoridades que burlam as leis e causam prejuízos à população brasileira ou de outros países. Na maioria dos casos, utiliza informações cibernéticas para alcançar seus objetivos.

Em julho de 2004, obedecendo às regras da IMO, entrou em vigor o atual regime de segurança para navegação internacional e portuária, por meio do Código Internacional de Proteção de Navios e Instalações Portuárias (Código ISPS), e a PF vem atuando no sentido de cumprir essa legislação.

O que é o Código ISPS?

Trata-se dos requisitos obrigatórios a serem cumpridos pelo governo, pelas autoridades portuárias e pelas empresas de navegação, sendo a PF a principal responsável por seu cumprimento e fiscalização.

Tais requisitos atualmente são cumpridos por 108 governos conveniados à Convenção Internacional para a Salvaguarda da Vida Humana no Mar (Safety of Life at Sea – Solas)[a], realizada em 1974, e em cada um deles há um órgão responsável, com atribuições similares às da PF.

No que se refere à segurança nos portos e terminais, o Plano de Segurança Pública Portuária (PSPP)[b], que, por meio da Cesportos, é uma das responsabilidades da PF, visa prevenir ações relacionadas aos crimes de furto, roubo e contrabando de mercadorias, tráfico de drogas ilícitas, de armas e outros artefatos.

A Figura 1.4 apresenta de forma gráfica o PSPP e suas condicionantes baseadas nas ações que fazem parte de seu escopo.

---

[a] Embarcações Solas são embarcações mercantes empregadas em viagens internacionais ou no tráfego marítimo mercantil entre portos brasileiros, ilhas oceânicas, terminais e plataformas marítimas.

[b] O PSPP tem como objetivo prevenir e reprimir atos ilícitos nos portos organizados, abrangendo instalação, carga, pessoal e embarcações atracadas.

Figura 1.4 – **Visão geral do processo de gestão de risco em segurança portuária**

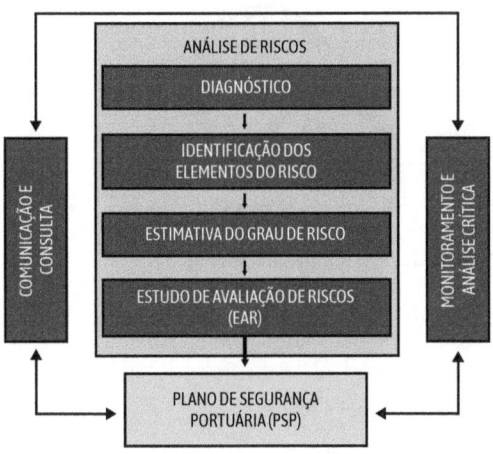

Fonte: Albuquerque; Andrade, 2019, p. 104.

Observe que o PSPP, sintetizado na figura anterior, se caracteriza como um filtro que realimenta as demais "caixinhas" com o objetivo de assegurar a mitigação de riscos dentro dos processos e atividades das áreas portuárias. É importante reforçar que um plano de segurança não é algo que é implantado e vai funcionar eternamente. Por melhor que seja, tanto em sua metodologia quanto em seus conceitos, só será eficaz e aderente aos processos da empresa que for utilizá-lo se contar com uma equipe que cuide constantemente da aferição e manutenção dele. Vamos abordar esse tema mais adiante.

Após a implantação das ações do PSPP, é realizada uma inspeção local e, caso os processos estejam de acordo com as normas estipuladas pela Cesporto, será emitida uma Declaração de Cumprimento (DC). Confira o fluxo detalhado na Figura 1.5.

Figura 1.5 – **Processo de emissão da Declaração de Cumprimento**

Fonte: Albuquerque; Andrade, 2019, p. 103.

Na próxima seção, esclareceremos como são realizadas as tratativas relacionadas com a segurança de nossos portos e como estão divididas as tarefas associadas a essas atividades.

1.3 *Capitania dos Portos*

Você sabe informar quem é responsável por cuidar de assuntos que dizem respeito à segurança dos usuários dos portos? Pois bem, é a Capitania dos Portos, uma parte muito importante da cadeia logística que tem como objetivo orientar e coordenar as atividades ligadas ao esporte e lazer no meio marítimo, com foco na segurança da vida humana no mar, bem como assuntos referentes à prevenção de acidentes ou incidentes na navegação marítima (Brasil, 2022b). Também fazem parte das atribuições da Capitania dos Portos aspectos referentes à prevenção da poluição hídrica decorrente de embarcações, suas plataformas ou qualquer outra estrutura de apoio.

A Capitania dos Portos surgiu em 1845, ainda no período imperial brasileiro, quando o imperador decretou que o governo estabelecesse uma capitania em cada província (Fonseca, 2020). Atualmente, ela conta com delegacias e agências distribuídas por todo o território nacional, com posições estratégicas em relação ao tráfego de embarcações e à defesa da Marinha do Brasil.

Ela atua ainda no apoio e controle de conflitos, crises de estado de sítio e defesa, como no apoio ao Estado em caso de mobilizações e desmobilizações, sempre sob a orientação das autoridades e comandos da Marinha. Também pode agir conjuntamente com outros órgãos de segurança, contribuindo em operações especiais, sempre que for escalada. Soma-se a isso um trabalho relevante quando em operações de busca e salvamento em conjunto com a Força Aérea Brasileira (FAB) mediante o Salvaero[c], do qual trataremos nos próximos capítulos.

Portanto, a Capitania dos Portos é responsável, no âmbito de sua área geográfica (jurisdição), pelo cumprimento das legislações e regulamentações marítimas e portuárias e tem como principal objetivo a segurança da navegação marítima.

Entre suas diversas funções, podemos citar:

1. Cumprir e fazer cumprir a legislação, os atos e normas, nacionais e internacionais, que regulem os tráfegos marítimos, fluviais e lacustres;

---

c   Salvaero é o departamento aeronáutico responsável pelas operações de busca e salvamento no Comando da Aeronáutica brasileira.

2. Exercer a fiscalização do serviço de praticagem[d];

3. Exercer a fiscalização do Tráfego Aquaviário por intermédio de Inspeções Navais [...];

4. Auxiliar o serviço de salvamento marítimo;

5. Concorrer para a manutenção da sinalização náutica;

(Brasil, 2022a)

Outra atividade importante executada pela Capitania dos Portos é o treinamento, habilitação e certificação daqueles que atuam na navegação marítima e náutica, seja para fins profissionais, seja para fins desportivos.

1.4 Secretaria da Receita Federal

Quando ouvimos falar em Receita Federal (RF), uma das primeiras coisas que nos vêm à mente é algo relacionado a impostos e fiscalizações. Entretanto, conforme veremos, esse órgão vai bem além de cumprir rotinas de cobranças ou algo do gênero. Vejamos, então, de que forma a RF está relacionada ao nosso estudo sobre logística portuária.

A RF está subordinada ao Ministério da Economia e tem funções singulares e essenciais, contribuindo com o Estado na administração dos tributos da União – consideram-se aqui os previdenciários – e dos ligados ao comércio exterior. Também subsidia o Poder Executivo federal nas formulações

---

d Praticagem é o serviço de auxílio oferecido aos navegantes, normalmente disponível em áreas que apresentem dificuldades ao tráfego livre e seguro de embarcações, em geral de grande porte.

das políticas tributárias e atua nas atividades de prevenção e combate à sonegação fiscal, contrabando, tráfico de drogas, tráfico de armas e munições, lavagem de dinheiro, ocultação de bens e diversas outras relacionadas ao desvio monetário e enriquecimento ilícito (Brasil, 2022d).

A RF também atua de forma ampla e conjunta em diversas outras autarquias, tanto como apoio quanto na linha de frente em casos que competem ao seu escopo principal. Aqui podemos citar bancos, ministérios públicos, polícias, órgãos militares e outros. Observe na Figura 1.6 uma lista bem abrangente desses órgãos ligados ao seu ecossistema.

Figura 1.6 – **Ecossistema de órgãos apoiadores da Receita Federal**

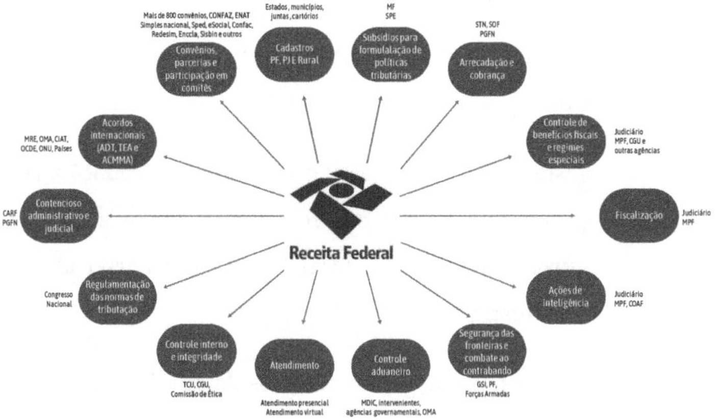

Fonte: Receita..., 2021.

Como é possível perceber, a RF tem várias funções e um amplo escopo de atividades. Confira a seguir algumas dessas responsabilidades e seus objetivos:

› garantir a arrecadação necessária ao Estado, com eficiência e aprimoramento do sistema tributário;

- contribuir para a melhoria do ambiente de negócios e da competitividade do país;
- garantir a segurança e a agilidade do fluxo internacional de bens, mercadorias e viajantes.

Quanto à infraestrutura da RF, atualmente ela é composta de diversas unidades distribuídas pelo país, abrangendo uma área de aproximadamente 8,5 milhões de km². Tal estrutura pode ser centralizada ou descentralizada, dependendo da região de atuação, mas todas as unidades convergem para os mesmos objetivos.

Dentro de sua jurisdição, a RF cumpre suas atividades com base em uma lista de competências:

- administração dos tributos internos e do comércio exterior;
- gestão e execução das atividades de arrecadação, lançamento, cobrança administrativa, fiscalização, pesquisa e investigação fiscal e controle da arrecadação administrada;
- gestão e execução dos serviços de administração, fiscalização e controle aduaneiro;
- repressão ao contrabando e descaminho, no limite da sua alçada;
- preparo e julgamento, em primeira instância, dos processos administrativos de determinação e exigência de créditos tributários da União;

› interpretação, aplicação e elaboração de propostas para o aperfeiçoamento da legislação tributária e aduaneira federal;

› subsídio à formulação da política tributária e aduaneira;

› subsídio à elaboração do orçamento de receitas e benefícios tributários da União;

› interação com o cidadão por meio dos diversos canais de atendimento, presencial ou a distância;

› educação fiscal para o exercício da cidadania;

› formulação e gestão da política de informações econômico-fiscais;

› promoção da integração com órgãos públicos e privados afins, mediante convênios para permuta de informações, métodos e técnicas de ação fiscal e para a racionalização de atividades, inclusive com a delegação de competência;

› atuação na cooperação internacional e na negociação e implementação de acordos internacionais em matéria tributária e aduaneira. (Brasil, 2022e)

Do ponto de vista da atuação no meio portuário, a RF apresenta entre suas competências o controle do trânsito aduaneiro[e], regulando, conforme as normas vigentes, aquilo que é permissível quanto ao transporte de mercadorias que

---

e   Trânsito aduaneiro é o que permite o transporte de mercadoria, sob controle aduaneiro, de um ponto a outro do território aduaneiro, com suspensão do pagamento de tributos.

entram e saem do país. Também lhe compete inspecionar os tributos obrigatórios que normatizam o livre comércio e o trânsito de mercadorias nos postos aduaneiros.

1.5 Administração portuária

Como é feita a gestão dos portos brasileiros? A resposta para essa questão está em uma divisão chamada de **autoridade portuária**, entidade do Poder Público federal com jurisdição para locais específicos (portos, aeroportos, ferrovias e outras estruturas de transportes).

Um bom exemplo para entender melhor sua atuação é o Porto de Santos (SP), o principal da América do Sul. Ali, a administração portuária ou autoridade portuária é realizada pela Companhia das Docas do Estado de São Paulo – Codesp (Figura 1.7).

Figura 1.7 – **Sede da Codesp na cidade de Santos (SP)**

FERNANDA LUZ / AGIF / AGIF VIA AFP

A Codesp também é uma empresa pública vinculada ao Ministério da Infraestrutura por meio da Secretaria Nacional de Portos e Transportes Aquaviários. Ela fiscaliza os terminais do porto que autorizam a atração de embarcações e a movimentação de cargas, cuida da guarda portuária, promove obras de infraestrutura para proteção e acesso das embarcações aquaviárias e outras atividades afins (Conheça..., 2019).

Há também um importante conselho que atua na gestão do porto formado por autoridades do setor (regionais, estaduais e federais) e o Conselho da Autoridade Portuária (CAP), cujo papel é tratar de questões relacionadas ao desenvolvimento das atividades portuárias. Ainda fazem parte de suas competências:

> sugerir alterações do regulamento de exploração do porto; alterações no plano de desenvolvimento e zoneamento do porto; ações para promover a racionalização e a otimização do uso das instalações portuárias; medidas para fomentar a ação industrial e comercial do porto; ações com objetivo de desenvolver mecanismos para atração de cargas; medidas que visem estimular a competitividade; e outras medidas de interesse do porto. (Suape, 2022)

O colegiado do CAP faz sugestões ao Codesp, propondo melhorias ao órgão (Conheça..., 2019).

1.6 Governo do Estado

O Governo do Estado, seja qual for, tem um papel relevante na gestão de toda a infraestrutura concedida aos órgãos que atuam sob sua jurisdição. Inicialmente, é importante conceituarmos *Estado* para que possamos definir melhor seu papel no contexto social e político. Segundo Pena (2022), trata-se de um conjunto de instituições no campo político e administrativo que organiza o espaço de um povo. É a autoridade máxima em um território nacional e deve exercer a cidadania e fazê-la ser exercida.

Quanto ao termo *governo*, cabe ressaltar aqui seu conceito no contexto de gestor do Estado. Para Pena (2022), ele é mais uma das instituições que compõem o Estado, sendo a esfera pública responsável por sua administração. Os governos são transitórios, mas o Estado é permanente.

Segundo Coelho (2020), o papel do Estado é promover o constante diálogo com a sociedade, a fim de que os objetivos dela sejam alcançados. Nesse sentido, o governo do Estado deve fazer com que as leis que o regem sejam cumpridas para que os cidadãos preservem a ordem social.

No que se refere ao seu poder, o Estado tem três funções distintas: a legislativa, a jurisdicional e a executiva. A **legislativa** diz respeito ao cumprimento da lei para a vontade do povo, com vistas a estabelecer, na forma de ordem, a proteção e a guarda dos anseios da sociedade. Já a **jurisdicional** se refere aos esforços em direção ao equilíbrio entre os interesses das funções administrativas, mas de modo que não gerem conflito com as ações tomadas pelos jurisdicionais. Por fim, a função **executiva**, assim como a jurisdicional, corresponde à aplicação da legislação de forma concreta (Lopes, 2013).

2
Diretrizes para segurança portuária

Sabemos da importância que deve ser dedicada às questões relacionadas à segurança dos portos, principalmente nos dias atuais. Nossa sociedade vem presenciando constantes ataques terroristas, aumento nos casos de tráfico de objetos ilícitos, sem falar da elevação natural de acidentes de trabalho associados diretamente ao aumento do volume de trabalho observado nesses portos a cada ano. Todas essas questões são cruciais e devem ser monitoradas e cuidadas com a maior atenção possível pelas autoridades competentes.

No que se refere à qualidade dos pontos relacionados à segurança, só é possível medir os resultados quando há um plano de segurança adequado, o que requer um bom planejamento e uma boa gestão para que ele se mantenha em vigor e em contínua evolução. De nada valerá um plano se não for aderente àquilo que faz sentido e garante a efetividade dos objetivos traçados. E, quando se trata de segurança, tudo precisa ser muito bem pensado.

Segundo o Project Management Body of Knowledge (PMBOK)[a], os riscos envolvidos em qualquer projeto não podem ser excluídos, embora possam ser mitigados, e isso depende de um bom planejamento e acompanhamento. Grande parte do sucesso de qualquer projeto está diretamente ligado a tais processos, que, amparados por uma boa metodologia de trabalho, podem torná-lo vitorioso ou não (PMI, 2021).

> O **Project Management Institute (PMI)** é, atualmente, um dos institutos mais respeitados mundialmente. Trata-se de uma

---

[a] Organizado pelo PMI, o PMBOK corresponde a práticas utilizadas para gestão de projetos. É considerado a base do conhecimento sobre gestão de projetos por profissionais dessa área.

instituição internacional sem fins lucrativos que associa profissionais de gestão de projetos. No início de 2011, já era considerada a maior associação do gênero no mundo, contando com mais de 650 mil associados em mais de 185 países.

Quando se pensa em processos relacionados à segurança, reforça-se a importância de se terem como base no planejamento dos planos uma boa metodologia e uma equipe altamente capacitada e comprometida.

No contexto deste estudo sobre segurança no ambiente portuário, podemos citar algumas diretrizes fundamentais, como aquelas voltadas à proteção das instalações e da infraestrutura portuárias brasileiras:

> › Medidas para prevenir que armas e substâncias perigosas sejam introduzidas em instalações portuárias ou a bordo de navios;
>
> › Procedimentos para a evacuação em caso de ameaças;
>
> › Deveres do pessoal das instalações portuárias relativos aos aspectos de proteção;
>
> › Medidas para assegurar a proteção das informações contidas no plano, entre outros. (5 pontos..., 2018)

Logicamente, todos esses pontos precisam ser avaliados conforme as características de cada porto, bem como as condições e o porte de sua infraestrutura. É importante ressaltar que todo plano de segurança deve ser aprovado pelo governo local contratante; afinal, como qualquer plano que será praticado dentro de organizações que envolvem pessoas e procedimentos, tem de estar perfeitamente de acordo com as leis que vigoram na região.

Outro aspecto relevante para que os procedimentos de segurança sejam mantidos diz respeito ao treinamento das equipes responsáveis pela proteção do ambiente portuário. Estas devem receber a devida capacitação para atuar conforme a demanda. É uma prática regular para esses profissionais a realização de simulações de acidentes e incidentes nos portos, com vistas a aplicar as teorias aprendidas e testar a eficácia e a eficiência do plano de segurança implantado.

2.1 Organização Mundial de Aduanas

Embora tenha sido fundada em 1952, a Organização Mundial de Aduanas (OMA) iniciou suas atividades ainda em 1948. Atualmente, é responsável por 98% das operações do comércio mundial e busca garantir qualidade, segurança e facilitação nas movimentações do comércio exterior (Patrocínio, 2020). Mas, afinal, qual é seu objetivo e como está estruturada para atender às demandas do setor?

Visto que é uma organização intragovernamental com presença global (atualmente está em 183 países), a OMA atua diretamente nos trâmites relacionados a operações de comércio exterior. Seus principais objetivos estão voltados para o aumento da eficiência das aduanas no mundo inteiro, com base nas regras que lhes são comuns, trabalhando em conjunto com a Organização Mundial de Comércio (OMC), criada com o objetivo de supervisionar e liberalizar o comércio internacional.

A estrutura da OMA é composta por um secretariado, um conselho e comitês que, em reuniões anuais, discutem questões estratégicas de atuação, visando sempre à manutenção da unificação das aduanas.

O Brasil é membro da OMA, e seu representante é a Receita Federal (RF), com o apoio do Ministério das Relações Exteriores. Dessa forma, também seguimos as normativas internacionais definidas pela organização, aplicando ajustes que as adéquam às características das leis nacionais e à burocracia alfandegária, tanto do setor público quanto do privado. Uma vez que a RF é ligada ao governo federal, é responsável pelo cumprimento das diretrizes normativas da OMA nas aduanas brasileiras.

Segundo o Instituto de Comércio Internacional do Brasil (ICI-BR), a base da estrutura normativa da OMA é constituída por informação eletrônica avançada, gerenciamento de riscos, inspeções na origem (pré-embarque, preferencialmente por meio de *scanners*) e cooperação mútua com empresas. Essas normativas compõem os pilares que sustentam as questões relacionadas à segurança da gestão aduaneira e o conjunto de ações de que a organização se propõe a cuidar de forma transparente (ICI-BR, 2009).

Para Macedo (2010), a OMA é uma organização dinâmica, com projetos de destaque para a modernização aduaneira e respeitada no cenário mundial.

2.2 *International Maritime Organization (IMO) e International Ship and Port Facility Security Code (ISPS Code)*

De forma global, a sociedade moderna vem evoluindo gradativamente também no nível de exigências relacionadas às interações entre os governos dos países que interagem nas cooperações comerciais. Essa situação trouxe como resultado natural a busca pelo aperfeiçoamento de caminhos que contribuíssem para o aumento da sinergia nos processos que envolvem as atividades aduaneiras. Nasceu, então, em 1948, a Organização Marítima Internacional (International Maritime Organization – IMO).

A IMO busca corresponder a duas principais funções: fornecer mecanismos de cooperação entre os governos no campo da regulamentação governamental e apoiar as práticas relativas às questões técnicas que afetam o transporte marítimo envolvido no comércio internacional (IMO, 2022).

Tendo em vista as adequações exigidas pela sociedade atual – que sofre com ações terroristas constantes –, a IMO ampliou seu escopo para abraçar ainda mais questões relacionadas à segurança, não apenas no âmbito humano, mas também no ambiental. Nesse sentido, sua missão, como agência especializada das Nações Unidas, é promover o transporte marítimo seguro, protegido, ambientalmente correto, eficiente e sustentável por meio da cooperação. Para cumpri-la, adota os mais elevados padrões praticáveis de proteção e segurança marítima, com eficiência na navegação e na prevenção e controle da poluição dos navios, além de considerar questões jurídicas relacionadas à implementação efetiva de seus instrumentos com vistas à sua aplicação universal e uniforme (IMO, 2022).

Atualmente, a IMO conta com uma estrutura organizacional composta de uma assembleia, um conselho e cinco comitês principais: Comitê de Segurança Marítima (o órgão técnico máximo); Comitê de Proteção ao Meio Ambiente Marinho; Comitê Jurídico; Comitê de Cooperação Técnica; e Comitê de Facilitação. Há também vários subcomitês que apoiam o trabalho desses comitês técnicos.

Com o episódio dos ataques de 11 de setembro de 2001 nos Estados Unidos, a sociedade mudou drasticamente as questões relacionadas à segurança humana e patrimonial, assim como os processos referentes aos modais de transporte internacional, principalmente nos Estados Unidos. Nesse sentido, com maior rigor e controle em relação ao que entra e sai dos países, em 2002 a IMO realizou em Londres a Conferência Diplomática sobre Proteção Marítima, a fim de tratar de ações voltadas à mitigação de riscos associados ao terrorismo e ao tráfico ilícito de mercadorias.

> Os acontecimentos de 11 de setembro de 2001 consistiram em uma série de ataques suicidas contra os Estados Unidos coordenados pela organização fundamentalista islâmica Al-Qaeda. Na manhã daquele dia, 19 terroristas sequestraram quatro aviões comerciais de passageiros.

Segundo Segrini (2017), com o intuito de renovar e intensificar a supressão dos atos contra a segurança da navegação marítima de 1988, criou-se, durante a Convenção Internacional para a Salvaguarda da Vida Humana no Mar (Solas), o International Ship and Port Facility Security Code

(ISPS Code)[b] para concretizar de vez a questão da segurança marítima. De acordo com o autor, o intuito foi promover maior cooperação entre os governos, que ratificaram e promulgaram a Solas, objetivando maior segurança marítima tanto para os navios internacionais quanto para as instalações portuárias nacionais, impactando o direito marítimo e o direito portuário (Segrini, 2017).

Cada governo determina a aplicabilidade do ISPS Code nos portos, seguindo suas especificidades conforme regimentos internos que resguardam a segurança nos portos e a natureza do direito portuário. Nesse sentido, cabe ao governo do país adotar as medidas necessárias segundo suas diretivas, sempre prezando pelo bom andamento do tráfego e da logística dentro de seus portos, de modo a evitar problemas em seu fluxo.

Podemos citar aqui alguns exemplos simples de medidas de segurança adotadas nos portos:

> - implementação de circuito fechado de televisão (CFTV) no porto e ao seu redor;
> - uso de alarmes;
> - proteção de perímetro por profissionais da área de segurança;
> - controle de acesso por reconhecimento facial, documentos físicos etc.;
> - diferenciação por meio do uso de uniformes ou capacetes com cores específicas;
> - treinamento regular dos agentes de segurança.

---

[b] O ISPS Code é um código de segurança internacional aplicável tanto aos navios quanto às instalações portuárias. Sem ele, não é possível obter a certificação da IMO nem participar de operações internacionais posteriores.

O Brasil, por ser um país-membro da IMO, adotou também o ISPS Code em seus portos, cumprindo, assim, o código para a certificação internacional expedida pela organização, com vistas à acreditação internacional de seus portos e navios (Segrini, 2017). Dessa forma, uma vez que os portos e os navios estejam certificados reconhecidamente em seus registros pela própria IMO, cabe fazer corresponder a esse credenciamento internacional o uso regular dos portos, seguindo-se as normas de segurança internacional de modo a garantir a integridade humana e patrimonial.

Apenas para reforçar a compreensão, confira na Figura 2.1 como a IMO está atualmente estruturada.

Figura 2.1 – *Estrutura atual da IMO*

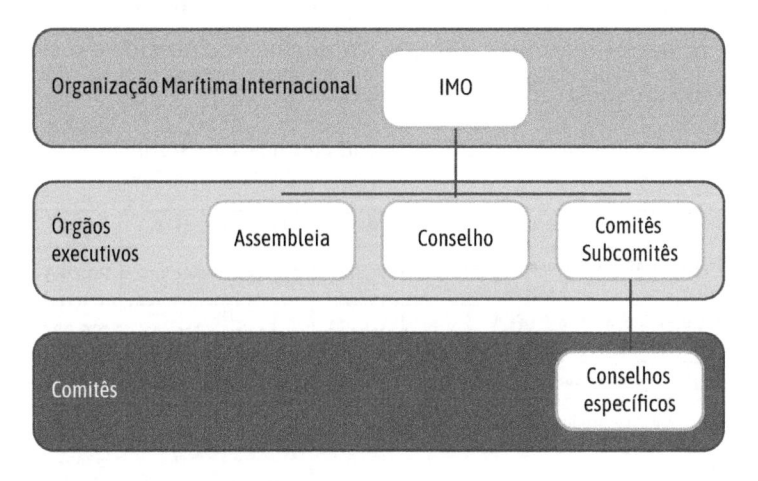

Organização Marítima Internacional	IMO	
Órgãos executivos	Assembleia	Conselho	Comitês Subcomitês
Comitês		Conselhos específicos

Fonte: Elaborado com base em IMO, 2022.

2.3 Safe Port Act

Sempre primando pela segurança logística dos portos, o governo estadunidense criou a *Safe Port Act*, que visa proteger os portos e fortalecer a segurança da cadeia de abastecimento do país.

Atualmente, cerca de 90% do comércio mundial é transportado por meio de contêineres de carga, razão pela qual se fez necessário, por força de lei, garantir ainda mais a segurança nos modais marítimos responsáveis por tal logística. Nesse sentido, uma das propostas da *Safe Port Act* obriga que todo contêiner que atracar em determinado porto estadunidense seja triado quanto a qualquer ameaça por radiação.

Segundo publicação do portal CBP (2022), o total de ações é bastante volumoso e amplo, conforme os números e o escopo demonstrados na Tabela 2.1.

Tabela 2.1 – Número de ações baseadas na Safe Port Act – Ano Fiscal (AF) 2017-2020

	AF17	AF18	AF19	AF20
Escritório de Operações de Campo (OFO) Total de encontros	216.370	281.881	288.523	241.786
Patrulha de Fronteira dos EUA Total de encontros	310.531	404.142	859.501	405.036
Total de ações de execução	526.901	686.023	1.148.024	646.822

Fonte: CBP, 2022, tradução nossa.

Como efeito dessas ações, o governo estadunidense tem obtido um resultado expressivo nos últimos três anos. A Tabela 2.2 aponta o número de estrangeiros criminosos identificados nos portos estadunidenses.

Tabela 2.2 – Estrangeiros criminosos identificados nos portos de entrada – Ano Fiscal (AF) 2017-2020

	AF17	AF18	AF19	AF20
Escritório de Operações de Campo				
Estrangeiros criminosos encontrados	10.596	11.623	12.705	7.009
Presos do NCIC [National Crime Information Center]	7.656	5.929	8.546	7.108
Patrulha de Fronteira dos EUA				
Estrangeiros criminosos encontrados	8.531	6.698	4.269	2.438
Estrangeiros criminosos procurados ou com mandados de prisão pendentes de cumprimento	2.675	1.550	4.153	2.054

Fonte: CBP, 2022, tradução nossa.

2.4 *Container Security Initiative (CSI)*

Atualmente, cerca de 7 milhões de contêineres de carga são descarregados por navios nos portos marítimos estadunidenses anualmente. Tendo em vista a constante preocupação com possíveis ataques terroristas, visto que o país é alvo constante deles, sob o programa Container Security Initiative (csi) é realizada a triagem de contêineres por funcionários destacados para trabalhar nessa atividade de risco.

O csi conta com diversas ferramentas tecnológicas como aliadas em suas atividades: identificação de contêineres que representam riscos de terrorismo, mediante o uso de inteligência preditiva; pré-triagem que possa representar qualquer risco oriundo do portal de partida com destino aos portos estadunidenses; rastreamento de contêineres com uso de tecnologia de detecção; e emprego de materiais de alta segurança para blindagem contra violações (CBP, 2021). Também podem recorrer a tecnologias mais avançadas, como a de detecção de radiação ou, até mesmo, uso de inspeção intrusiva.

O CSI atua em portos nos cinco continentes e afere aproximadamente 80% de toda a carga marítima em contêineres importada para os Estados Unidos (CBP, 2021).

2.5 ISPS Code no Brasil

Conforme já mencionamos no Capítulo 1, o ISPS Code aponta os requisitos obrigatórios ao governo, às autoridades portuárias e às empresas de navegação. No Brasil, a Polícia Federal (PF) é a principal responsável pelo cumprimento e fiscalização deles.

O ISPS Code é uma forma de padronizar globalmente a certificação de navios e instalações portuárias (Segrini, 2017). O Brasil também adota esse procedimento, e a autoridade designada para essa certificação é a Marinha do Brasil. A tarefa de zelar pelo cumprimento do ISPS Code e demais normas de segurança pública nos portos, terminais e vias navegáveis está sob a responsabilidade das Comissões Estaduais de Segurança Pública nos Portos, Terminais e Vias Navegáveis (Cesportos), conforme estabelece a Resolução n. 52, de 20 de dezembro de 2018 (Brasil, 2018).

O país adotou e aplica o ISPS Code seguindo as recomendações da IMO, por meio da Comissão de Assuntos da IMO do Brasil (CCA-IMO), colocando em prática todas as diretrizes estabelecidas, em conformidade com a Constituição Federal, e procedendo às adequações impostas por essa lei. Em outras palavras, a IMO não pode interferir nas decisões de cada país no que se refere à forma como este protege seus portos, mas faz recomendações às áreas ou instalações portuárias.

O propósito da IMO ao lançar o ISPS Code foi apoiar as embarcações, portos e governos contratantes com subsídios jurídicos a fim de obrigar e fazer cumprir a proteção a bordo dos navios (Rede BIM, 2022).

> 3.1 Este Código se aplica:
>
> 1. aos seguintes tipos de navios envolvidos em viagens internacionais:
>
>   1. navios de passageiros, incluindo embarcações de passageiros de alta velocidade;
>
>   2. navios de carga, incluindo embarcações de alta velocidade, a partir de 500 toneladas de arqueação bruta; e
>
>   3. unidades móveis de perfuração ao largo da costa; e
>
> 2. às instalações portuárias que servem tais navios envolvidos em viagens internacionais. (Antaq, 2002, p. 6)

Conforme resolução aprovada pela Diretoria de Portos e Costas da Marinha do Brasil, os objetivos do ISPS Code são:

> 1. Estabelecer uma estrutura internacional envolvendo a cooperação entre Governos Contratantes, órgãos

Governamentais, administrações locais e as indústrias portuárias [...];

2. estabelecer os papéis e responsabilidades dos Governos Contratantes, órgãos Governamentais, administrações locais e as indústrias portuária e de navegação, a nível nacional e internacional, a fim de garantir a proteção marítima;

3. garantir a coleta e troca eficaz de informações relativas a proteção;

4. prover uma metodologia para avaliações de proteção de modo a traçar planos e procedimentos para responder a alterações nos níveis de proteção; e

5. garantir que medidas adequadas e proporcionais de proteção sejam implementadas. (Antaq, 2002, p. 4)

De forma resumida, o ISPS Code torna **obrigatória** a padronização dos meios de identificação, prepara os condutores e as autoridades para o reconhecimento dos requisitos e responde às ameaças à proteção dos navios, tendo como foco o monitoramento do acesso de pessoas e cargas.

A aplicabilidade desse código é bastante rigorosa e acarreta riscos altos quando não observado. Para se ter uma ideia da dimensão, a isenção ou não adoção do ISPS Code pode implicar a impossibilidade de o Brasil importar ou exportar cargas para portos dos Estados Unidos e da Europa. Essa regra está em vigor desde 1º de julho de 2004.

Como exemplo do uso da tecnologia no programa ISPS, podemos citar o Sistema Automático de Identificação

(*Automatic Identification System* – AIS). Trata-se de um equipamento de frequência VHF para identificar navios nas proximidades, de forma a criar um ambiente com maior gestão de segurança e troca de informações na navegação. Em síntese, caso algum navio reporte um sinal fora dos padrões, é percebido como uma embarcação com risco em potencial.

Observe a Figura 2.2, que apresenta o esquema de funcionamento do AIS nas proximidades dos portos. Os navios recebem os sinais dos satélites transmitidos aos equipamentos de AIS, os quais transmitem os respectivos códigos aos centros de segurança dos portos.

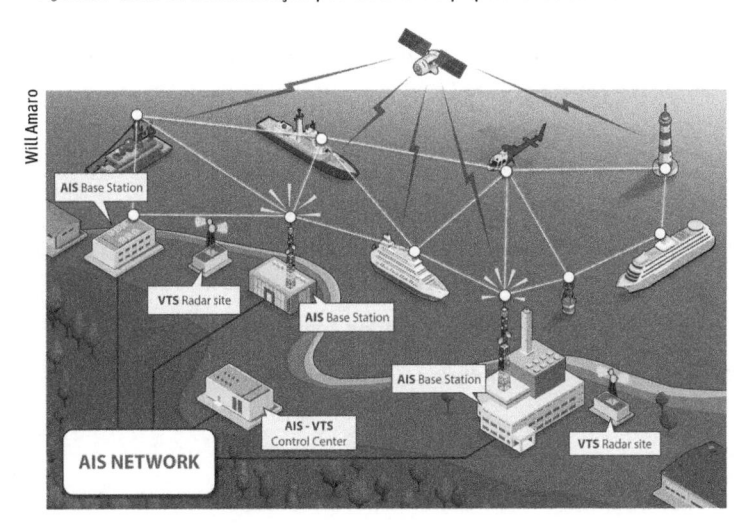

Figura 2.2 – **Rede de comunicação por meio dos equipamentos de AIS**

Fonte: Maritime Survey, 2022.

Segundo a Marinha do Brasil, o ISPS Code estabelece alguns requisitos funcionais de proteção para as embarcações, os quais estão sujeitos a processos de inspeção, verificação, certificação e auditorias conforme as regras de cada país. Para isso, é necessário:

› Reunir informações sobre ameaças de proteção e realizar a troca destas informações os Governos signatários;

› Exigir a manutenção dos meios de comunicação para os navios e portos;

› Prevenir acesso não autorizado aos navios, instalações portuárias e suas áreas restritas;

› Prevenir a entrada não autorizada de armas, dispositivos incendiários ou explosivos ao navio e ao porto;

› Prover meios de soar o alarme em reação a uma quebra de proteção ou a uma ameaça na proteção;

› Requerer que navios e portos tenham um Plano de Proteção baseado em avaliações de segurança; e

› Exigir treinamentos e exercícios para assegurar a familiarização dos envolvidos com os Planos de Proteção e os procedimentos; (Rede Bim, 2022, p. 29)

Figura 2.3 – **Equipamento de AIS utilizado nos navios**

mark_vyz/Shutterstock

    É importante ressaltar que as tecnologias empregadas nessas redes de comunicação são específicas para esse tipo de sistema. Assim, tudo é projetado para que sejam mitigados os riscos, como interferências estáticas, entrada de pessoas não autorizadas na rede e redundância da rede para o caso de falhas de comunicação entre os usuários.

3

Programa para segurança portuária

Com o aumento das ações terroristas globais, como a de 11 de setembro de 2001, que citamos no Capítulo 2, acelerou-se a criação de diversos programas para mitigar e controlar os riscos desses ataques ou de atividades ilícitas nos portos de todo o mundo. Há uma rede muito grande na logística alfandegária, com estruturas portuárias complexas espalhadas em diversas cidades, cada qual com características culturais, leis e gestão de segurança bastante específicas. Diante desse cenário, faz-se necessário um planejamento minucioso, com uma gestão capaz de elaborar estratégias e de fiscalizá-las de modo a garantir que a cadeia de suprimentos internacionais possa trafegar entre os portos sem trazer riscos aos países envolvidos e suas embarcações.

3.1 *Customs Trade Partnership Against Terrorism (CTPAT)*

Tendo em vista o propósito de melhorar a segurança das fronteiras estadunidenses, surgiu em 2001 a Parceria de Comércio Aduaneiro Contra o Terrorismo (Customs Trade Partnership Against Terrorism – CTPAT). Trata-se de um programa voluntário de parceria público-privada que reconhece que a Alfândega e Proteção de Fronteiras dos Estados Unidos (U.S. Customs and Border Protection – CBP) pode oferecer o mais alto nível de segurança de carga somente por meio de uma estreita cooperação com todas as partes interessadas da cadeia de abastecimento internacional, como importadores, transportadores, consolidadores, despachantes aduaneiros licenciados ou fabricantes (CBP, 2021).

Segundo o *site* oficial do Departamento de Segurança Interna dos Estados Unidos (CBP, 2021), atualmente mais de 11.400 parceiros comerciais fazem parte desse programa no país, incluindo importadores e exportadores, transportadoras rodoviárias, ferroviárias e marítimas, despachantes aduaneiros, autoridades e operadores de terminais marítimos, consolidadores de frete, intermediários de transporte marítimo etc. Esse conjunto de parceiros é responsável por aproximadamente 52% (em valor) de toda a carga importada para o país, e esse número vem crescendo a cada dia.

No Brasil, também há empresas que se capacitam a fim de que seus processos se tornem mais alinhados à política da CTPAT. Embora poucas, algumas buscam a certificação no programa, que é voluntário, para obter facilitação dos operadores na movimentação de carga, nos itens de confiabilidade nas inspeções de segurança.

O parceiro da CTPAT trabalha com a CBP com o objetivo de proteger a cadeia de abastecimento, identificar falhas de segurança e implementar medidas de segurança específicas e melhores práticas para o controle de mitigação de riscos em toda a cadeia de abastecimento. Pelo fato de serem membros do programa, seus integrantes são considerados de baixo risco e menos propensos a serem examinados quando atracam nos portos estadunidenses.

Na atualidade, segundo o Departamento de Segurança Interna dos Estados Unidos (CBP, 2021, tradução nossa), os parceiros da CTPAT têm alguns benefícios relacionados à contribuição para melhorar a segurança nos portos estadunidenses, entre os quais podemos citar:

- número reduzido de exames CBP;
- inspeções de primeira linha;
- possível isenção de exames estratificados;
- tempos de espera mais curtos na fronteira;
- atribuição de um especialista em segurança da cadeia de suprimentos para a empresa;
- acesso às Pistas de Comércio Livre e Seguro (FAST) nas fronteiras terrestres;
- acesso ao sistema de portal CTPAT baseado na *web* e a uma biblioteca de materiais de treinamento;
- possibilidade de desfrutar de benefícios adicionais ao serem reconhecidos como um parceiro comercial confiável por administrações aduaneiras estrangeiras que assinaram o Reconhecimento Mútuo com os Estados Unidos;
- elegibilidade para outros programas-piloto do governo norte-americano, como o *Secure Supply Chain* da Food and Drug Administration;
- prioridade de retomada de negócios após um desastre natural ou ataque terrorista;
- consideração de prioridade nos centros de excelência e especialização da CBP focados na indústria.

Por ser tratar de um programa voluntário, a participação na CTPAT não é obrigatória e não apresenta custos aos associados ou interessados na adesão. Depois de a empresa se candidatar e cumprir todas as exigências associativas, a CTPAT tem 90 dias para certificá-la ou rejeitá-la (caso entenda que esta não corresponde às exigências estabelecidas).

Vale ressaltar que a CTPAT abrange não apenas o modal marítimo, mas todos os modais de transporte que levam suas cargas para os Estados Unidos: aéreos, marítimos e terrestres (rodoviários e ferroviários). Para cada um, conforme suas características e especificidades, serão aplicadas as exigências e competências correspondentes.

3.2 World Basc Organization (WBO)

Com o objetivo de otimizar as relações comerciais, em 1996 foi criada a Aliança de Negócios para Comércio Seguro (Business Alliance for Secure Commerce – Basc), que, com o apoio da alfândega estadunidense, foi ganhando força e se estendeu a outros países, começando pela Colômbia. Já em 2002, considerando-se a expansão observada e a necessidade de contar com um órgão com capilaridade internacional, a Basc foi reformulada e tornou-se a World Basc Organization (WBO). Com o suporte das autoridades governamentais, estabeleceu normas e procedimentos globais de segurança para a cadeia de comércio logístico.

A WBO é a maior organização empresarial em âmbito mundial e tem como principal missão gerar e estimular a prática da cultura de segurança em toda a cadeia de abastecimento, implementando sistemas de gestão e controle de processos no comércio internacional (WBO, 2022b). Como objetivos específicos de sua missão, podemos citar:

› estimular a implantação de uma cultura de segurança para a proteção do comércio internacional;

› estabelecer e gerenciar um sistema de segurança e controle de sua cadeia de suprimentos;

› trabalhar em cooperação com governos, agências de controle de fronteiras e organizações internacionais;

› promover alianças estratégicas;

› gerar confiança e credibilidade para empresas e autoridades;

› fortalecer os laços de cooperação entre o setor privado e o governo. (WBO, 2022b, tradução nossa)

Com base nesses objetivos, busca-se um comércio internacional seguro fundamentado na cooperação e na relação de confiança mundial por meio de seus associados. A WBO também contribui para desestimular atividades prejudiciais aos interesses econômicos, fiscais e comerciais de seus países-membros.

Segundo o *site* oficial da WBO (2022c), por se tratar de uma organização não governamental e sem fins lucrativos, impulsionada basicamente por cooperação mútua internacional, são oferecidos inúmeros benefícios para incentivar a adesão do maior número possível de associados. A seguir, estão elencados alguns deles:

- reconhecimento internacional como membro;
- diferenciação na implementação do Sistema de Gestão de Segurança e Controle (SGCS);
- inclusão no banco de dados de empresas BASC certificadas mundialmente;
- disponibilidade de equipes de auditores internacionais competentes para verificação da implementação e revisão do SCGS;
- representação e facilitação de contatos com autoridades de comércio exterior, contribuindo para maior confiança por parte delas;
- redução de custos e riscos decorrentes do controle dos processos da empresa;
- transferência de conhecimento e experiência em segurança da cadeia de suprimentos;
- facilitação e *networking* com contatos em diferentes países por meio da rede global de capítulos BASC;
- cursos de treinamento especializado em temas relacionados à segurança do comércio internacional;
- informações e atualização sobre temas relacionados às atividades de comércio internacional. (WBO, 2022c, tradução nossa)

Atualmente, a organização está presente em países da América do Norte, da América Central e da América do Sul, dividindo seus associados em capítulos[a] e empresas certificadas que operam com o respaldo da Basc, conforme demonstrado na Figura 3.1.

Figura 3.1 – Países-membros da Basc

Capítulos Basc
- Colômbia
- Costa Rica
- Equador
- El Salvador
- Estados Unidos da América
- Guatemala
- México
- Panamá
- Peru
- República Dominicana
- Venezuela

Empresas-membros certificadas
- Argentina
- Honduras
- Paraguai
- Uruguai
- Colômbia
- Costa Rica
- Equador
- Estados Unidos da América
- Guatemala
- México
- Panamá
- Peru
- República Dominicana
- Venezuela

Fonte: WBO, 2022a, tradução nossa.

De acordo com a organização, são aproximadamente 3.500 empresas associadas, todas comprometidas com a segurança na cadeia de suprimentos e processos internacionais. Elas desenvolvem processos produtivos e atividades relacionadas à cadeia de abastecimento e outras atividades complementares.

---

a   Capítulos Basc cumprem os objetivos e políticas estabelecidos pela WBO.

3.3 *Operador econômico autorizado (OEA)*

Como mencionamos anteriormente, o ecossistema que envolve a Receita Federal (RF) brasileira inclui diversos parceiros que, juntos, auxiliam nas operações para movimentar a máquina dessa entidade. Vejamos agora como são tratadas as questões relacionadas ao setor econômico.

Comecemos pelo papel do operador econômico autorizado (OEA). Conforme a definição da própria RF (Brasil, 2022f), trata-se de um parceiro estratégico que será certificado como um operador de baixo risco, confiável e que vai usufruir de alguns benefícios ofertados pela aduana brasileira pelo fato de cumprir as exigências do órgão e corresponder aos trâmites logísticos ao entregar com agilidade e previsibilidade suas cargas nos fluxos do comércio internacional. Em outras palavras, de forma geral, por meio de seu certificado, demonstra ao mercado em que atua que sua empresa é confiável (sob o ponto de vista dessa legislação) e que está preparada para observar e praticar todos os processos de exportação e importação conforme as exigências legais.

De acordo com a RF (Brasil, 2022f), o programa brasileiro de OEA é voltado a todos os agentes que atuam diretamente na cadeia do comércio exterior, conforme os perfis a seguir:

> importadores;
> exportadores;
> transportadoras;
> agentes de carga;
> depositários de mercadoria;
> operadores portuários ou aeroportuários.

Esse programa oferece benefícios aos associados tanto no Brasil quanto no exterior, desde que a empresa tenha a certificação ativa. Entre eles estão:

› Utilização da logomarca "AEO": utilização da logomarca do Programa Brasileiro de OEA, conforme especificações contidas na Portaria RFB n. 768/15 [...];
[...]
› Prioridade de análise em outra modalidade: a EqOEA dará prioridade na análise do pedido de certificação de operador que já tenha sido certificado em outra modalidade ou nível do Programa OEA;
[...]
› Participação do Fórum Consultivo: o OEA poderá participar da formulação de propostas para alteração da legislação e dos procedimentos aduaneiros que visem ao aperfeiçoamento do Programa Brasileiro de OEA, por meio do Fórum Consultivo;
› Dispensa de exigências já cumpridas no OEA: as unidades de despacho aduaneiro da RFB dispensarão o OEA de exigências formalizadas na habilitação a regimes aduaneiros especiais ou aplicados em áreas especiais que já tenham sido cumpridas no procedimento de certificação no Programa Brasileiro de OEA; e
› Participação em seminários e treinamentos: os OEA poderão participar de seminários e treinamentos organizados conjuntamente com a EqOEA. (Brasil, 2015a)

A RF ainda disponibiliza no portal do OEA uma biblioteca com um acervo de dados e instruções normativas a todos os associados, incluindo a Instrução Normativa RFB n. 1.598/2015, que concentra as informações para que possam ser seguidas de forma oficial. São abordados nesses documentos temas sobre segurança (critérios de segurança da cadeia logística), conformidade (cumprimento das obrigações tributárias aduaneiras) e integração de órgãos competentes (que exercem controle sobre operações de comércio exterior).

Outra competência que faz parte do escopo do Programa OEA diz respeito às orientações e treinamentos relacionados à gestão de risco no meio aduaneiro. São bastante incentivados o domínio das informações referentes ao tema (gestão de risco) e as boas práticas para que se possa mitigar tais riscos. São abordados temas como identificação, análise, avaliação, priorização e monitoramento de riscos. O objetivo é determinar os eventos de riscos, bem como enumerar suas causas e efeitos, ou seja, estimular os operadores a ter certo grau de governança e consciência situacional de seu ambiente de trabalho (Brasil, 2022f).

Para todos os procedimentos, são adotados documentos que definem a gestão do risco, de modo a tornar o processo mais formal e com certo grau de confiabilidade e rastreabilidade. Esses são quesitos fundamentais para uma boa gestão de risco relacionada à segurança. Para melhor exemplificar a qualidade do que é oferecido aos associados, a Figura 3.2 evidencia parte de um material oficial disponibilizado na biblioteca do portal do Programa OEA que especifica os benefícios dos associados.

Figura 3.2 – Material de treinamento de gestão de riscos para operadores

3.5.3 Gestão da Cadeia Logística

OBJETIVO: Evitar parcerias que comprometam a **segurança** da cadeia logística internacional.

a. O requerente dispõe de processo de **gestão das cadeias logísticas internacionais** em que atua?

b. Referido processo possibilita **identificar** todos os operadores econômicos ao longo da cadeia logística?

c. O processo permite **avaliar** os operadores **de acordo com seu risco** para a cadeia logística?

Fonte: AEO, 2022, p. 18.

No Gráfico 3.1, é possível observar o número de membros certificados pelo Programa OEA no Brasil, conforme o perfil de suas competências com relação à atuação na cadeia logística.

Gráfico 3.1 – Número de membros do Programa OEA conforme certificações vigentes em 2021

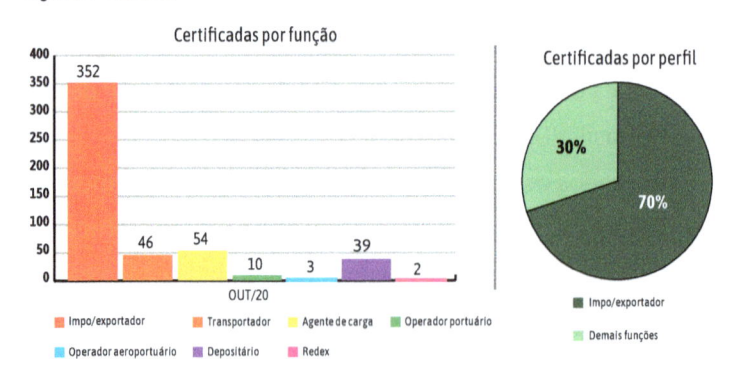

Certificadas por função
- Impo/exportador: 352
- Transportador: 46
- Agente de carga: 54
- Operador portuário: 10
- Operador aeroportuário: 3
- Depositário: 39
- Redex: 2

OUT/20

Certificadas por perfil
- Impo/exportador: 70%
- Demais funções: 30%

Fonte: Brasil, 2015b.

O gráfico evidencia que 70% das certificações estão relacionadas a empresas atuantes em importações e exportações, ou seja, a maioria é de grande representatividade como agentes influenciadores da cultura de segurança, correspondendo, assim, aos interesses do programa.

O portal ainda dispõe de informações estatísticas referentes ao tempo médio das atividades de importação e exportação dos diferentes modais (aéreo, marítimo e terrestre) e também apresenta números relacionados ao tempo de treinamento ofertado pelo programa aos associados.

3.4 NBR ISO 28000 – Gestão de segurança para a cadeia logística

A Associação Brasileira de Normas Técnicas (ABNT), fundada em 1940, é uma entidade sem fins lucrativos voltada à promoção de atividades relacionadas ao desenvolvimento de marcas, à defesa dos consumidores e à segurança de todos os cidadãos. Atua na avaliação e na certificação de produtos, sistemas e rotulagem ambiental, sempre fundamentada em princípios técnicos internacionais (ABNT, 2021).

Entre todas as ações realizadas por ela, fazem parte de seu escopo as relacionadas à certificação International Organization for Standardization (ISO). A Organização Internacional para Padronização congrega os grêmios de padronização/normalização de 162 países. Com sede na Suíça, a ISO foi fundada em 1946 e desenvolve e promove normas a serem utilizadas em todo o mundo, visando a uma padronização de processos que possam garantir a qualidade daquilo que as organizações se propõem a entregar ao público consumidor.

A ISO reúne várias normas de qualidade compostas de diversas séries que prescrevem requisitos a serem seguidos conforme o perfil de cada organização (ABNT, 2021). No Brasil, é denominada ABNT NBR ISO e contempla, entre outras, a série 28000 (Figura 3.3), que trata especificamente das normas relacionadas ao sistema de gerenciamento de segurança, incluindo os aspectos críticos para a garantia de segurança da cadeia de abastecimento.

Figura 3.3 – *Símbolo da certificação internacional de qualidade ISO*

mushan/Shutterstock

Basicamente, as normas da ABNT são uma ferramenta relevante e visam contribuir com os pontos a seguir:

› tornam o desenvolvimento, a fabricação e o fornecimento de produtos e serviços mais eficientes, mais seguros e mais limpos;

› facilitam o comércio entre países, tornando-o mais justo;

› fornecem aos governos uma base técnica para saúde, segurança e legislação ambiental, e avaliação da conformidade;

› compartilham os avanços tecnológicos e a boa prática de gestão;

› disseminam a inovação;

› protegem os consumidores e usuários em geral, de produtos e serviços; e

› tornam a vida mais simples provendo soluções para problemas comuns. (ABNT, 2021)

Tais ações ajudam a garantir as características dos produtos fabricados ou serviços prestados, com a qualidade, a confiabilidade, a eficiência, a intercambialidade e, até mesmo, as questões correlatas ao respeito e à preservação do meio ambiente, de acordo com o perfil das empresas que empregarão tais normas.

Conforme descrito no manual da ABNT NBR ISO 28000, essa norma é aplicável em organizações de todos os tamanhos (de microempresas a multinacionais), nos processos de fabricação, serviço, armazenamento ou transporte em qualquer fase da produção ou da cadeia de abastecimento em que se deseja:

› estabelecer, implementar, manter e melhorar uma gestão de segurança para o sistema;

- garantir a conformidade com a política de gerenciamento de segurança declarada;
- demonstrar tal conformidade a terceiros;
- buscar a certificação/registro de seu sistema de gestão de segurança por um organismo de certificação terceiro credenciado; ou
- fazer uma autodeterminação e autodeclaração de conformidade com a iso 28000 (abnt, 2018).

As organizações que escolhem a certificação da iso podem demonstrar que estão colaborando significativamente para a segurança da cadeia de suprimentos (abnt, 2021). Na visão da associação, as normas exercem uma influência significativa e positiva para contribuir com a maioria dos aspectos relacionados à qualidade de vida do mercado consumidor.

3.5 NBR ISO 31000 – Gestão de riscos

De forma similar aos aspectos técnicos da norma iso 28000, a nbr iso 31000 fornece diretrizes para o gerenciamento de riscos nas organizações. No Brasil, aquelas coligadas ao Programa oea apresentam como um dos documentos de diretrizes o *Guia de implementação dos requisitos do Programa Brasileiro de oea*, expedido pela rf (aeo, 2021). Com base nele, são feitos os enquadramentos e aplicadas as normas propostas na nbr iso 31000, voltando-se sempre o olhar às soluções tecnológicas de segurança para a cadeia logística.

O termo *soluções tecnológicas* envolve a tecnologia disponível no tempo, avançada ou não, que apresente a aderência necessária às caraterísticas da infraestrutura de determinada região em que será aplicada a fim de garantir a segurança e a integridade humana e material, conforme prega o Programa OEA. Não há uma exigência específica de qual tecnologia deve ou não ser investida ou empregada, devendo apenas ser eficaz e eficiente para assegurar a segurança mínima estipulada. Como exemplo dessas soluções, podemos citar: rastreio do contêiner e identificação imediata de tentativas de violação; circuito interno de TV; monitoramento avançado por imagens; reconhecimento facial automatizado; reconhecimento sistematizado de placas de identificação de veículos; e sistema de controle de acesso e perímetros.

Reforçando esse entendimento, confira a seguir um trecho do *Guia de implementação dos requisitos do Programa Brasileiro de OEA*:

> O OEA deverá realizar um processo de autoavaliação em relação aos seus procedimentos internos e processos de trabalho que tenham relação com os critérios OEA, de forma a garantir que eles estejam adequados aos objetivos do Programa OEA e atendam aos requisitos estabelecidos na Portaria n. 77 de 2020. (AEO, 2021, p. 4)

Para Cicco (2020), de forma mais ampla, a aplicabilidade da NBR ISO 31000 se volta para quaisquer tipos de riscos, como os relacionados aos seguintes casos:

› proteção de dados sensíveis, conforme normas da nova Lei Geral de Proteção de Dados (LGPD);
› regras de governança;
› preservação ambiental;

- assuntos relacionados aos programas de integridade, crimes de suborno e *compliance*;
- segurança da informação, segurança e saúde no trabalho, segurança de sistemas e processos;
- sistemas de gestão da qualidade, gestão da inovação, gestão ambiental, gestão de crises e continuidade de negócios;
- Comitê das Organizações Patrocinadoras do Treadway (Committee of Sponsoring Organizations of the Treadway Commission – Coso)[b] de controles internos.

A NBR ISO 31000 recomenda que o processo de gestão de riscos (PGR) seja integrado à estrutura, às operações e aos processos da organização e, o mais importante, que faça parte da gestão do negócio, sendo utilizado como base para as tomadas de decisão em níveis estratégicos e operacionais (Cicco, 2020). Visando exemplificar o processo de gestão de risco e seus fluxos de aplicação, apresentamos na Figura 3.4 o detalhamento desse fluxo, com base no *Manual de diretrizes para a implementação da ISO 31000:2018* (ABNT, 2018).

---

b   O Coso é uma organização responsável pelo desenvolvimento de uma metodologia para avaliação de controles internos.

Figura 3.4 – **Modelo de processo de gestão de riscos**

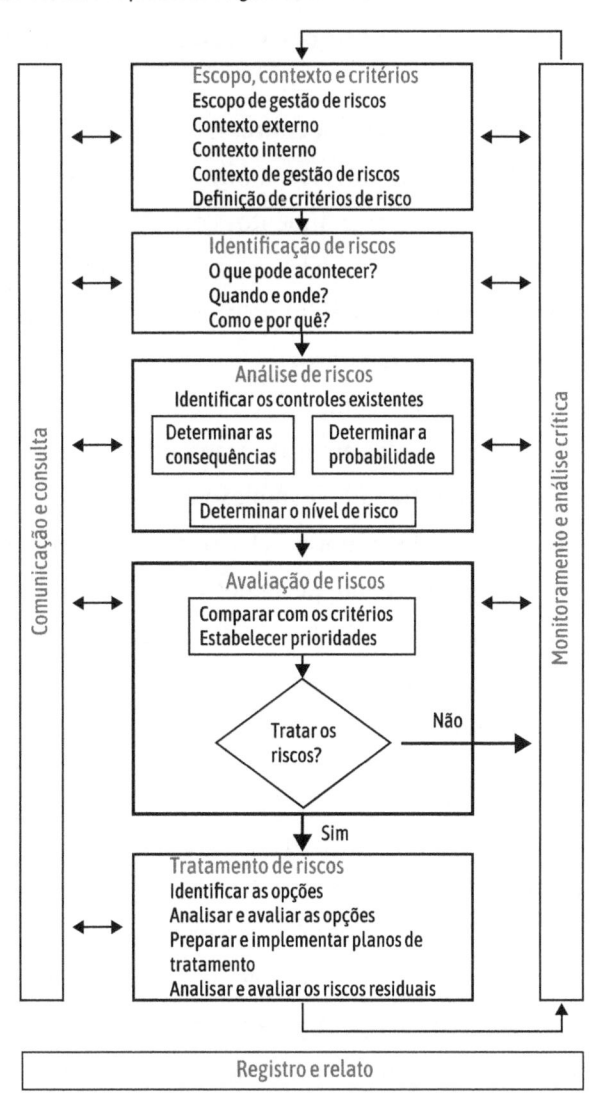

```
                    ┌─────────────────────────────────┐
                    │   Escopo, contexto e critérios  │
                    │   Escopo de gestão de riscos    │
            ◄──►    │   Contexto externo              │    ◄──►
                    │   Contexto interno              │
                    │   Contexto de gestão de riscos  │
                    │   Definição de critérios de risco│
                    └─────────────────────────────────┘

                    ┌─────────────────────────────────┐
                    │      Identificação de riscos    │
            ◄──►    │      O que pode acontecer?      │    ◄──►
                    │      Quando e onde?             │
                    │      Como e por quê?            │
                    └─────────────────────────────────┘

                    ┌─────────────────────────────────┐
                    │        Análise de riscos        │
                    │  Identificar os controles existentes │
                    │  ┌──────────────┬──────────────┐│
            ◄──►    │  │Determinar as │Determinar a  ││    ◄──►
                    │  │consequências │probabilidade ││
                    │  └──────────────┴──────────────┘│
                    │  Determinar o nível de risco    │
                    └─────────────────────────────────┘

                    ┌─────────────────────────────────┐
                    │       Avaliação de riscos       │
                    │   Comparar com os critérios     │
            ◄──►    │   Estabelecer prioridades       │    ◄──►
                    │                                 │
                    │         ◇ Tratar os ◇  Não ──►  │
                    │           riscos?               │
                    │             │ Sim               │
                    └─────────────▼───────────────────┘

                    ┌─────────────────────────────────┐
                    │       Tratamento de riscos      │
                    │   Identificar as opções         │
            ◄──►    │   Analisar e avaliar as opções  │
                    │   Preparar e implementar planos │
                    │   de tratamento                 │
                    │   Analisar e avaliar os riscos residuais│
                    └─────────────────────────────────┘

                    ┌─────────────────────────────────┐
                    │        Registro e relato        │
                    └─────────────────────────────────┘
```

(Eixo esquerdo: Comunicação e consulta — Eixo direito: Monitoramento e análise crítica)

Fonte: Elaborado com base em Cicco, 2020; Cicco, 2018.

Para manter as atividades listadas no fluxo indicado na Figura 3.4, há o amparo de três etapas que integram o PGR (Cicco, 2020):

1. **Comunicação e consulta**: envolve todas as áreas interessadas na integração das informações relevantes ao processo.
2. **Monitoramento e análise crítica**: monitora os riscos notificados pelos envolvidos, a fim de modificar, quando necessário, os procedimentos com vistas à mitigação e ao maior controle deles. Essa etapa também diz respeito a lições aprendidas no processo para a melhoria contínua dos trabalhos.
3. **Registro e relato**: compreende a formalização das tratativas realizadas em cada etapa do processo. Por se referir a um trabalho complexo e que tem como objetivo cuidar de assuntos relacionados à segurança, é indicado fortemente pelas normas o emprego da formalidade documental em cada etapa, com o registro em documentos que sirvam como amparo legal dos envolvidos no programa.

A NBR ISO 31000 ainda oferece um conjunto de opções que podem ser aplicadas no tratamento de riscos evidenciados pelas equipes envolvidas no PGR. Isso não significa necessariamente uma "receita pronta" a ser seguida em quaisquer situações: como já exposto, a norma explicita pontos que devem ser empregados para garantir aquilo que está comprometido com a segurança, mas caberá ao comitê do PGR empregá-los conforme a aderência do plano. A seguir, citamos algumas delas (ABNT, 2018):

- buscar a mitigação do risco ao decidir não iniciar ou continuar com algo que aponte a iminência dele;
- realizar a remoção da fonte de risco;
- buscar a mudança das probabilidades que envolvam os riscos;
- mudar os efeitos oriundos do risco;

O *Guia de implementação dos requisitos do Programa Brasileiro de* OEA ainda reforça a importância da atenção permanente por parte dos operadores do PGR com o objetivo de manter seus procedimentos em prática de forma constante. Para isso, o documento orienta:

> Reavaliações devem ser realizadas, no mínimo, anualmente. Entretanto, circunstâncias podem exigir a reavaliação de risco de forma mais frequente, tais como nível de ameaça aumentado de um país específico, períodos de alerta aumentado (após uma violação ou incidente de segurança), alterações nos parceiros comerciais e/ou reorganizações societárias (fusões e aquisições etc.). (AEO, 2021, p. 53)

No próximo capítulo, abordaremos as questões de segurança observadas nos portos brasileiros para a mitigação dos riscos aos seus usuários.

4

Proteção das instalações portuárias

Conforme vimos nos capítulos anteriores, os ataques terroristas de 11 de setembro de 2001 marcaram uma nova era para a humanidade, além de terem impactado o comportamento relacionado à segurança humana em diversos aspectos. Tais mudanças forçaram a reavaliação de processos já empregados nas logísticas dos modais aéreos, terrestres e marítimos e, desde então, novos processos e artefatos passaram a fazer parte dessa realidade. A partir desse marco histórico, todas as organizações relacionadas direta ou indiretamente a assuntos de segurança humana e patrimonial voltaram seus olhares e ações para mitigar ainda mais os riscos que envolvem a rotina logística nesses ambientes.

4.1 *Avaliação da proteção das instalações portuárias*

A avaliação da proteção das instalações portuárias busca identificar e especificar as condições atuais de toda a infraestrutura que deve ser protegida, trazendo informações sobre possíveis ameaças, o nível de riscos e a probabilidade efetiva destes, bem como propor medidas e contramedidas para garantir o maior nível possível de segurança ao ambiente. Esses levantamentos são executados pelo governo contratante ou por empresas reconhecidas, sempre em certa periodicidade considerando-se mudanças nas ameaças e/ou pequenas alterações na instalação portuária (5 pontos..., 2018).

Tais medidas de proteção ao transporte marítimo e aos portos são aplicáveis às embarcações e à infraestrutura portuária, levando-se em conta duas categorias (DGRM, 2022):

1. **Navios em viagens internacionais**: navios de passageiros, incluindo embarcações de passageiros de alta velocidade; navios de carga, incluindo embarcações de carga de alta velocidade, de arqueação bruta igual ou superior a 500; e unidades móveis de perfuração ao largo.
2. **Navios em viagens domésticas**: navios de passageiros da classe A, na seção do art. 4 do Decreto-Lei n. 93, de 19 de abril de 2012: "relativo às regras e normas de segurança para os navios de passageiros; navios de carga de arqueação bruta igual ou superior a 500 que efetuem viagens entre o continente e as regiões autônomas dos Açores e da Madeira e entre estas Regiões" (DGRM, 2022).

O Decreto-Lei n. 93/2012 estabelece regras comuns de segurança relacionadas à construção e aos equipamentos dos navios de passageiros e das embarcações de passageiros de alta velocidade que efetuam viagens domésticas, com o fim de assegurar um elevado nível de segurança que contribua para o reforço da segurança do transporte marítimo e evite, simultaneamente, distorções de concorrência entre os operadores.

Em caráter de exceção, essas medidas de proteção não se aplicam às instalações militares situadas nesses portos, pois seguem regulamentos próprios por fazerem parte de organizações ligadas à segurança nacional.

4.2 Identificação da infraestrutura e dos bens que devem ser protegidos

Primeiramente, é necessário definir o termo *bens* sob o ponto de vista da base legal governamental brasileira. Vamos tomar como ponto de partida o conceito proposto pelo Ministério da Economia (Brasil, 2022g), que, por meio da Secretaria do Tesouro Nacional, assim define *bens de infraestrutura* e *bens do patrimônio cultural*:

> 2.1 – Sob amparo do Código Civil Brasileiro – Lei n. 10.406, de janeiro de 2002, são bens públicos de uso comum integrantes do domínio da União as rodovias e estradas federais, praças, redes de saneamento, redes elétricas, as terras devolutas, lagos e rios conforme situações específicas, as florestas, o mar territorial, entre outros. Pode-se segmentar os bens de uso comum em dois agrupamentos: bens do patrimônio cultural e bens de infraestrutura.
>
> 2.2 – Os bens de patrimônio cultural são assim chamados devido a sua significância histórica, cultural ou ambiental.
>
> 2.2.1 – Os bens de patrimônio cultural raramente são mantidos para gerar entradas de caixa e pode haver obstáculos legais ou sociais para usá-los em tais propósitos. Geralmente apresentam as seguintes características:
>
> a) O seu valor cultural, ambiental, educacional e histórico provavelmente não é refletido totalmente no valor financeiro puramente baseado no preço de mercado;

b) As obrigações legais ou estatutárias podem impor proibições ou restrições severas na alienação por venda;

c) São geralmente insubstituíveis e seus valores podem aumentar através do tempo mesmo se sua condição física se deteriorar; e

d) Pode ser difícil estimar sua vida útil, a qual em alguns casos pode ser centenas de anos.

Assim, nomeia-se todo e qualquer objeto cujo caráter se enquadre nos quesitos apontados anteriormente como base de estudo – não se deixando de lado, obviamente, os seres humanos presentes nesses ambientes –, procurando-se identificar entre eles as probabilidades de risco de acidentes ou incidentes possíveis.

Os órgãos ligados à logística de segurança portuária, por meio de seus agentes homologados, buscam, de maneira sistêmica, organizada e mediante processos formais, identificar possibilidades de riscos nesse ambiente portuário.

Conforme descrito no ISPS Code (IMO, 2022), para se avaliar a proteção de um risco, é fundamental, em um primeiro momento, uma análise de todos os aspectos de uma operação e de uma instalação portuária, determinando-se, assim, quais áreas estão mais suscetíveis ao risco ou, ainda, a um possível ataque. Na verdade, em se tratando de segurança aos olhos do ISPS Code, o risco de proteção é uma função da ameaça de um ataque, juntamente com a vulnerabilidade do alvo e as consequências dele.

Segundo a Organização Marítima Internacional (International Maritime Organization – IMO), tal avaliação inclui os seguintes passos:

- determinação da pressuposta ameaça às instalações e à infraestrutura do porto;
- identificação das prováveis vulnerabilidades;
- cálculo das consequências de um incidente (IMO, 2022).

Para se avaliar a proteção das instalações portuárias, é preciso levar em consideração os seguintes elementos, conforme regulamentação da IMO (Código..., 2022, p. 20):

> 15.5.1 identificação e avaliação de bens móveis e infraestrutura relevantes, os quais é importante proteger;
>
> 15.5.2 identificação de possíveis ameaças a bens móveis e infraestrutura e a probabilidade de sua ocorrência, a fim de estabelecer e priorizar medidas de proteção;
>
> 15.5.3 identificação, seleção e priorização de contramedidas e alterações nos procedimentos e seu nível de eficácia quanto à redução de vulnerabilidade; e
>
> 15.5.4 identificação de fraquezas, incluindo fatores humanos, na infraestrutura, planos de ação e procedimentos.

E como será que são tratadas as questões de ameaças nesse ambiente? Afinal, estamos falando de locais sensíveis quanto aos perigos que os cercam. É isso o que veremos na seção a seguir.

4.3 Identificação das possíveis ameaças

Na fase de identificação, visa-se examinar qualquer elemento de risco ou ameaça aos bens ou à vida humana envolvida no ambiente analisado. São avaliadas as probabilidades e vulnerabilidades que trarão qualquer prejuízo ou consequências negativas ao andamento normal dos trabalhos da equipe ou logística portuária.

Ainda segundo o ISPS Code (IMO, 2022), essa identificação constitui um importante processo em que se pode perceber a importância relativa dessas estruturas para o funcionamento das instalações portuárias. Isso porque fornece uma base a ser utilizada na elaboração de estratégias com vistas a reduzir os impactos naquele ambiente, mitigando, assim, os danos causados por incidentes ou acidentes no local.

Segundo a IMO (2022), tais ameaças são definidas como ações naturais e humanas que colocam em risco os ativos a serem protegidos. Podemos citar alguns motivadores para elas, como: erros humanos; funcionários com problemas pessoais; pessoas envolvidas em práticas criminosas; terroristas; e ações do meio ambiente.

Quando é realizado um procedimento de avaliação de ameaças, são examinados alguns aspectos relacionados à proteção das instalações portuárias a fim de se obter uma análise concisa sobre as possíveis consequências caso tais ameaças se concretizem, bem como sobre o nível de possibilidades e capacidades da ocorrência desses riscos.

De forma prática, a IMO (2022) sugere quatro pontos a serem considerados e estudados nessa fase de avaliação de ameaças, os quais devem ser executados juntamente com as organizações nacionais de proteção portuária:

3. quaisquer aspectos particulares das instalações portuárias, incluindo o tráfego de navios que utilizam as instalações, os quais as tornam passíveis de serem alvos de um ataque;
4. as possíveis consequências de um ataque nas instalações portuárias em termos de perda de vidas, danos a propriedades e danos econômicos, incluindo interrupção dos sistemas de transporte;
5. capacidade e intenções daqueles passíveis de planejar tal ataque;
6. possíveis tipos de ataques, realizando-se uma avaliação completa do nível de risco contra o qual as medidas de proteção têm de ser desenvolvidas.

4.4 Contramedidas de segurança e identificação de vulnerabilidades

Quando refletimos sobre as variáveis relacionadas ao estudo de ameaças e vulnerabilidades, os olhares estão voltados diretamente a tudo aquilo que é vulnerável. Por conseguinte, é tendo em vista essas vulnerabilidades que são tomadas ações para mitigar todas as possibilidades de risco ou um possível acidente ou incidente.

Quando avaliada a ameaça com base em pontos de vulnerabilidade dentro dos processos de levantamento de ameaças, a IMO (2022) também sugere uma categorização dessas vulnerabilidades de acordo com alguns critérios, como:

- dispositivos de detecção;
- dispositivos de contenção;
- segurança de infraestrutura e edificações;
- segurança da informação;
- segurança de recursos humanos;
- histórico de casos (acidentes e incidentes) já experimentados;
- equipes de segurança;
- políticas de segurança já implantadas;
- procedimentos de segurança homologados;
- procedimentos de emergência.

Cada uma dessas categorias deve ser estudada e monitorada para assegurar maior controle quanto aos graus de vulnerabilidade. Em outras palavras, mesmo levando-se em consideração que são vulnerabilidades conhecidas, deve-se criar procedimentos e rotinas para que se consiga afastar ao máximo os riscos que possam ameaçá-las.

Uma forma prática de fazer essa análise, conforme sugerido pela IMO (2022), é a pontuação dessas categorias de vulnerabilidades, atribuindo-se um peso para cada uma conforme seu grau de importância e gravidade. Confira um exemplo no Quadro 4.1.

Quadro 4.1 – Exemplo de pontuação por vulnerabilidade

Vulnerabilidade	Descritivo	Nota atribuída
Muito baixa	O processo é controlado e eficiente	0,5
Baixa	O processo existe, mas exige ajustes conforme cada caso	1
Média	O processo existe, mas exige ajustes relevantes quando executado	2
Alta	O processo não existe ou é ineficiente	3

Fonte: Elaborado com base em IMO, 2022.

Outro exemplo para esclarecer melhor um processo de categorização de identificação de vulnerabilidades pode ser o da sugestão da IMO (2022) apresentado no Quadro 4.2. Confira a seguir os itens a serem avaliados e as pontuações atribuídas de acordo com seu grau de importância.

Quadro 4.2 – *Exemplo de pontuação para segurança de instalações*

Segurança na infraestrutura	Nota atribuída
Iluminação das imediações da estrutura	2
Sistema de CTPV apropriado	3
Saídas de emergência com sinalizações	3
Controle de acesso com registro	2
Monitoramento de áreas internas	2
Sistema anti-incêndio nas salas internas	3

Fonte: Elaborado com base em IMO, 2022.

Repare que as notas atribuídas não seguem um padrão crescente ou decrescente. As pontuações são definidas conforme o grau de relevância para a operação, diante do risco pela falta de cada item ou de sua má operação no ambiente avaliado.

Por fim, é importante reforçar que as medições e categorizações de vulnerabilidades devem ser tratadas como algo orgânico, ou seja, que têm um ciclo contínuo de manutenção que deve ser cuidado pelos integrantes responsáveis.

Conforme abordado anteriormente, não há como excluir todos os riscos que envolvem o cotidiano das atividades humanas em áreas de risco, mas é possível mitigá-los. Isso ocorre mediante a aplicação de processos sistemáticos, mantendo-se sempre ações contínuas para que haja um controle proativo dos cenários em questão e do ambiente como um todo.

4.5 Metodologia e análise de risco

Inicialmente, é importante entender que riscos são inerentes a qualquer ambiente de trabalho e organização. O *Manual da Norma ISO 31000 ABNT* (ABNT, 2018), que trata das questões relacionadas ao gerenciamento de riscos nesse contexto, fornece diretrizes gerais sobre como gerenciar os riscos em quaisquer atividades, de acordo com o modelo de cada instituição.

Quando se trabalha com gestão de riscos em um ambiente organizacional, principalmente naqueles de alto risco, a equipe responsável pelas questões de segurança deve adotar uma ou mais metodologias para servirem de referência durante os estudos e as ações práticas aplicadas à organização.

Segundo a ABNT (2018), não existe um único método de análise de risco para ser aplicado nessas ocasiões. Cada momento e ambiente exigirá técnicas que podem ser combinadas conforme as necessidades presentes naquele local. Deve-se ainda analisar os pontos positivos e negativos de cada metodologia e seu nível de aderência de acordo com as variáveis de risco a serem gerenciadas.

Apresentamos a seguir exemplos simples de algumas técnicas para reforçar o entendimento.

Técnica What if (E se)

Nessa técnica, o gestor se reúne com os colaboradores que mais conhecem os processos daquela área e, juntos, buscam levantar hipóteses de riscos. Por exemplo, o gestor simula determinadas situações questionando os integrantes sobre a possibilidade de uma ocorrência: "E se faltar energia?" ou "E se houver um vazamento de combustível?". O objetivo é incentivá-los a identificar alternativas que afastem o risco e mitiguem acidentes ou incidentes no ambiente. Na prática, essa técnica é uma forma de rever os processos (do início ao fim) na cadeia logística da organização.

Checklist

Essa técnica também é simples, mas nem sempre utilizada, apesar de ser adotada por muitas organizações. É um método que recorre à repetição e à validação dos processos a serem executados. A ferramenta é muito eficiente quando colocada em prática, pois atua bastante sobre o principal fator de desastres: o fator humano.

Análise preliminar de risco (APR)

Trata-se de uma técnica proativa de identificação de riscos na pré-produção, ou seja, avaliam-se os riscos envolvidos antes da entrada em produção de determinado projeto. Ao se elaborar dado projeto ou operação, faz-se um estudo minucioso de cada etapa daquela operação e avaliam-se e determinam-se, de forma categorizada, os riscos envolvidos. Essa categorização pode ser descrita conforme o nível de criticidade da operação (por severidade, por tempo de paralisação da operação, por exposição à vulnerabilidade humana etc.).

Ainda segundo a ABNT (2018), por meio da norma ISO 31000, um processo de gestão de riscos pode exigir várias etapas de investigação para torná-lo mais organizado e formal. Ainda que possa ser customizado e ampliado, a norma sugere basicamente as seguintes fases:

a) **Identificação**: descobrimento dos riscos envolvidos e definição de sua estrutura.
b) **Avaliação**: definição das probabilidades de ocorrência e impactos causados.
c) **Tratamento**: descrição das ações e tratativas que serão aplicadas em cada risco identificado – pode-se até definir que, para determinada ocorrência, nada será feito.
d) **Monitoramento**: definição de como será o ciclo contínuo das investigações de riscos, da manutenção das informações e de todas as práticas estabelecidas para manter o gerenciamento do risco sob controle.
e) **Comunicação**: um dos principais pilares de qualquer gestão, visto que sem informação não há como gerir processos; trata-se de um item básico e essencial para que o fluxo completo se mantenha vivo.

Para qualquer técnica adotada ou metodologia aplicada, existem ferramentas disponíveis que fazem uso da tecnologia da informação para também mitigar erros humanos no *input* das informações que registram e documentam cada fase do processo. Atualmente, há instrumentos capazes de cruzar diversas variáveis que sugerem ações de mitigação de riscos, contribuindo com a equipe no sentido de elevar o nível de maturidade da segurança organizacional.

4.6 *Recursos para proteção das instalações portuárias*

Anteriormente, mencionamos pontos direcionados pelo ISPS Code, indicando diretrizes e programas de segurança, metodologia para análise e mensuração dos riscos e tipos de respostas (eletrônicas, físicas, humanas ou normativas) como referência internacional de boas práticas padronizadas em portos de grande parte dos países. Dessa forma, cabe notar que é preciso aplicar em sua totalidade os pontos ali descritos.

O Brasil conta com aspectos específicos em sua logística portuária e, tendo esses pontos como premissa, busca adaptar as diretrizes sugeridas no ISPS Code, conforme as normas nacionais e a aderência destas às características locais. Com base nesses preceitos, o Ministério da Justiça e Segurança Pública do Brasil (Brasil, 2022h), por meio da Comissão Nacional de Segurança Pública nos Portos, Terminais e Vias Navegáveis, preconiza no Plano de Segurança Portuária atribuições e responsabilidades para as unidades de segurança portuárias e seus componentes. Trata-se de uma base formal que deve ser colocada em prática, justamente por fazer parte das questões normativas do setor portuário. São elas:

1. executar uma inspeção inicial completa da proteção da instalação portuária levando em conta a avaliação relevante da proteção das instalações portuárias;
2. assegurar a elaboração e manutenção do plano de proteção das instalações portuárias;

3. implementar e executar o plano de proteção das instalações portuárias;

4. executar inspeções regulares da proteção das instalações portuárias com vistas a assegurar a continuidade da aplicação das medidas apropriadas de proteção;

5. recomendar e incorporar, conforme apropriado, alterações ao plano de proteção das instalações portuárias a fim de corrigir falhas e atualizar o plano de modo a incluir mudanças relevantes nas instalações portuárias;

6. intensificar a conscientização e a vigilância do pessoal das instalações portuárias;

7. assegurar a provisão de formação/treinamento adequado ao pessoal responsável pela proteção das instalações portuárias;

8. reportar-se às autoridades relevantes e manter registros das ocorrências que ameacem a proteção das instalações portuárias;

9. coordenar a implementação do plano de proteção das instalações portuárias com a Companhia apropriada e com o(s) oficial(ais) de proteção do(s) navio(s);

10. coordenar ações com serviços de proteção, conforme apropriado;

11. assegurar que os padrões estabelecidos para o pessoal responsável pela proteção das instalações portuárias sejam atendidos;

12. assegurar que, caso haja equipamentos de proteção, estes sejam adequadamente operados, testados, calibrados e mantidos;

13. assistir os oficiais de proteção do navio na verificação da identidade de pessoas que desejem subir a bordo do navio, quando solicitado. (Brasil, 2022h, p. 7-8)

Para a responsabilidade da coordenação das medidas adicionais de proteção, segundo o Ministério da Justiça e Segurança Pública (Brasil, 2020), definiu-se o Gabinete de Segurança Institucional da Presidência da República (GSI-PR) como o órgão responsável pela manutenção das atividades correlatas das instalações portuárias brasileiras.

Os níveis de proteção dos portos – qualificação do grau de risco de ocorrência de um incidente de proteção – são definidos de forma a atender às exigências mínimas das operações e suas medidas de proteção. Entre tais medidas estão a própria proteção dos navios, os planos de segurança das instalações portuárias e os planos operacionais. O ISPS Code classifica esses níveis da seguinte forma:

- **Nível 1**: portos e navios operam com o mínimo exigido para fins de segurança operacional, evitando-se os riscos das operações.
- **Nível 2**: é similar ao nível 1, porém deve-se poder aumentar a proteção pelo tempo necessário, conforme requerimento aos órgãos competentes.
- **Nível 3**: é exigida a força da Marinha do Brasil na tomada das operações.

5
Órgãos envolvidos no modal aéreo e suas competências

A partir deste capítulo, vamos abordar o modal aéreo, tão significativo quanto o marítimo, visto nos capítulos anteriores. Para se ter uma ideia da relevância dos meios de transporte aéreo no Brasil e dos benefícios que acarretam, basta considerar que o país detém, atualmente, a segunda maior frota de aeronaves comerciais do mundo, o que traz muitas vantagens no campo logístico e, consequentemente, no econômico.

O meio aeronáutico brasileiro se divide em duas classes distintas, a civil e a militar, que seguem regulamentos diferentes. Sua governança e controle logístico também obedecem a normas específicas. Basicamente, a **classe civil** é voltada ao atendimento da aviação pública (esferas federal, estadual ou municipal), comercial ou privada, ao passo que a **classe militar** abrange a segurança nacional e a ajuda humanitária em casos de catástrofes.

Embora compartilhem o "mesmo céu" e, muitas vezes, os mesmos aeródromos[a], o monitoramento é feito por equipes distintas nos órgãos de controle do espaço aéreo nacional. Todos os órgãos aeronáuticos, cuja competência é a gestão do espaço aéreo brasileiro – tráfego de aeronaves em superfícies terrestres e marítimas, tanto civis quanto militares –, seguem regulamentos internacionais para executar suas atividades, visando cooperar com uma gestão padronizada com os demais países que seguem as mesmas regulamentações. Tais regras obedecem estritamente a ações descritas em uma vasta documentação que está sob a responsabilidade da

---

a   Um aeródromo é qualquer superfície, terrestre ou aquática, que detenha infraestrutura destinada à aterragem, à decolagem e à movimentação de aeronaves.

Organização Internacional da Aviação Civil (International Civil Aviation Organization – Icao), que tem seu papel como órgão regulamentador da aviação civil internacional.

A Icao é a agência da Organização das Nações Unidas (onu) especializada em promover o desenvolvimento seguro e ordenado da aviação civil internacional em todo o mundo. Estabelece normas e regulamentos necessários à proteção, à segurança, à eficiência, à regularidade e à proteção ambiental. Foi criada em 1947 com 191 países-membros, e sua sede permanente fica na cidade de Montreal, no Canadá.

Figura 5.1 – **Sede da Icao em Montreal**

Os principais objetivos da agência são o desenvolvimento dos princípios e técnicas de navegação aérea internacional, com foco no parque aeronáutico civil, e a organização dos transportes aéreos, de modo a favorecer a segurança, a eficiência, a economia e o desenvolvimento dos serviços aéreos (Icao, 2022).

Da Icao, maior órgão em nível internacional, derivam agências, departamentos e secretarias dos países-membros que também desempenham seu papel localmente, tendo como base os chamados *anexos*, normativas constantes nos documentos estabelecidos pela entidade. Atualmente, são 19 anexos, com instruções aplicadas pela aviação civil de forma global, ou seja, devem ser cumpridas pelos Estados signatários, incluindo o Brasil.

Anexos da Icao

› Anexo 1 – Licença de pessoal
› Anexo 2 – Regras do ar
› Anexo 3 – Serviços meteorológicos para a área de navegação aérea internacional
› Anexo 4 – Cartas aeronáuticas
› Anexo 5 – Unidades de medida a serem usadas nas operações no ar e em terra
› Anexo 6 – Operação de aeronaves
  › Parte I – Transporte aéreo comercial
  › Parte II – Aviação geral internacional
  › Parte III – Operações internacionais – helicópteros
› Anexo 7 – Marcas de nacionalidade e de matrícula de aeronaves
› Anexo 8 – Aeronavegabilidade (padrões de segurança – materiais, fuga etc.)
› Anexo 9 – Facilitação (entradas nos países)
› Anexo 10 – Telecomunicações aeronáuticas
› Anexo 11 – Serviço de tráfego aéreo
› Anexo 12 – Busca e salvamento
› Anexo 13 – Investigação de acidentes de aeronaves
› Anexo 14 – Aeroportos

> Anexo 15 – Informações aeronáuticas
> Anexo 16 – Proteção ao meio ambiente
> Anexo 17 – Segurança e proteção da aviação civil internacional contra atos de interferência ilícita
> Anexo 18 – Transporte de segurança de materiais perigosos por via aérea
> Anexo 19 – Gestão da segurança operacional

Os anexos da Icao são deliberados pelo Conselho, órgão consultivo permanente que atualmente envolve 36 países.

Na Icao, considera-se a assembleia como o poder máximo para dirimir casos mais específicos. Ela se reúne a cada três anos, e participam os Estados contratantes (ou signatários) – atualmente são 190. Pode ainda haver reuniões extraordinárias por convenção (do conselho consultivo) com a participação de um quinto dos Estados-membros. Dessa forma, o ciclo para discussões de criação ou melhoramento dos anexos é frequente dentro da entidade.

Não obstante, Estados que não possam cumprir as normas por motivos de legislação interna ou mesmo discordância referente a aspectos técnicos devem apresentar suas "diferenças", as quais são encaminhadas aos demais membros mediante listagem, que é sempre atualizada e fica no próprio texto final de cada anexo. Elas podem ser relacionadas às leis em vigor em determinado Estado signatário, que, por questões claras, não pode ir contra as próprias leis internas. É possível também adaptar algumas normativas para que, de forma mais flexível, se possa aplicá-las sem que se percam seus objetivos primordiais para a segurança da aviação, a estrutura aeroportuária, a logística envolvida, bem como o público usuário desse modal.

No Brasil, a arquitetura dos órgãos normativos da aviação civil está atualmente dividida conforme ilustra a Figura 5.2.

Figura 5.2 – Estrutura dos órgãos normativos da aviação civil brasileira

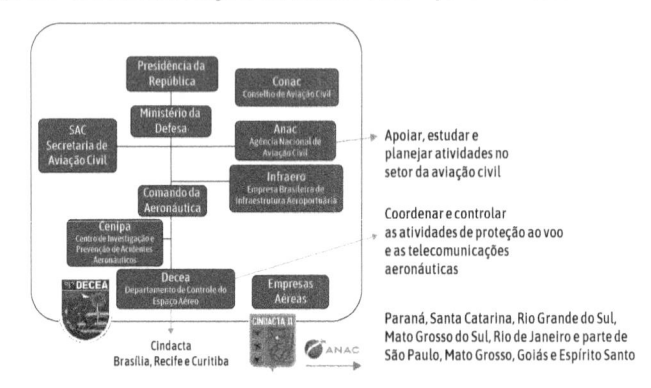

Repare que na Figura 5.2 não aparece a Icao, o que não significa que não haja certa hierarquia de responsabilidades no cumprimento das normas internacionais. O que se evidencia é a hierarquia na relação entre agências e departamentos regidos pelo governo brasileiro, que, de fato, não são submissos àquele órgão, mas respeitam e praticam seus anexos por se tratar de um Estado-membro.

5.1 Secretaria de Aviação Civil (SAC)

A Secretaria de Aviação Civil (SAC) está vinculada diretamente à Presidência da República. Atua desde 2011 coordenando e supervisionando as atividades que visam desenvolver o setor no país, bem como a infraestrutura aeroportuária. Também é ligada ao Ministério da Infraestrutura e ao Ministério dos

Transportes, Portos e Aviação Civil (MTPA). Ela é responsável pela elaboração e aprovação dos planos de concessão para exploração de aeroportos por empresas privadas.

A Agência Nacional da Aviação Civil (Anac) e a Empresa Brasileira de Infraestrutura Aeroportuária (Infraero) integram a SAC. Confira a seguir os órgãos que atualmente compõem a SAC (Brasil, 2019):

› Ministério da Defesa
› Receita Federal
› Polícia Federal
› Anac
› Infraero
› Decea
› Associação Nacional das Empresas Administradoras de Aeroportos (Aneaa)
› Associação Brasileira das Empresas Aéreas (Abear)
› International Air Transport Association (Iata)
› Agência Nacional de Vigilância Sanitária (Anvisa)
› Estados e municípios
› Concessionários
  › Aeroportuários
  › Companhias aéreas

5.2 Agência Nacional de Aviação Civil (Anac)

O Brasil tem diversas agências nacionais, criadas como apoio para a base do governo federal. A Anac, atualmente, é a mais nova de todas. Conforme consta em seu portal eletrônico, ela foi criada em 2005 e começou a atuar em 2006, substituindo o Departamento de Aviação Civil (DAC). A Anac também funciona como uma agência reguladora federal, fiscalizando atividades da aviação civil, bem como a infraestrutura aeronáutica e aeroportuária em todo o território nacional. Entre todas essas atividades, destacam-se as certificações técnicas emitidas a pilotos comerciais, mecânicos aeronáuticos, comissários de bordo, entre outros. Também fazem parte de seu escopo operacional ações ligadas a normatizações, fiscalizações e representação institucional referentes a outros órgãos nacionais e internacionais da aviação em geral (Anac, 2021).

A agência identifica como sua missão garantir a segurança e a excelência da aviação civil em âmbito nacional e, com base nessa premissa, elenca como parte de suas competências:

› Representar o Brasil junto a organismos internacionais de aviação e negociar acordos e tratados sobre transporte aéreo internacional.

› Emitir regras sobre segurança em área aeroportuária e a bordo de aeronaves civis.

› Conceder, permitir ou autorizar a exploração de serviços aéreos e de infraestrutura aeroportuária.

› Estabelecer o regime tarifário da exploração da infraestrutura aeroportuária.

› Administrar o Registro Aeronáutico Brasileiro (RAB).

› Homologar, registrar e cadastrar os aeródromos.

> Emitir certificados de aeronavegabilidade atestando aeronaves, produtos e processos aeronáuticos e oficinas de manutenção.

> Fiscalizar serviços aéreos e aeronaves civis.

> Certificar licenças e habilitações dos profissionais de aviação civil.

> Autorizar, regular e fiscalizar atividades de aeroclubes e escolas e cursos de aviação civil.

> Reprimir infrações às normas do setor, inclusive quanto aos direitos dos usuários, aplicando as sanções cabíveis. (Anac, 2021)

Como já mencionado, a Anac atua não somente em âmbito nacional, mas também internacional. Mantém contatos técnicos com autoridades da aviação civil em diversos países que também estão ligados diretamente à Icao. Essa relação contempla o estabelecimento de acordos internacionais de serviços aéreos, de aeronavegabilidade e de segurança e contribui até para a promoção da indústria aeronáutica nacional e a conectividade do território nacional, estimulando o fluxo de passageiros e o transporte de cargas na malha aérea internacional.

No que se refere à interação internacional com órgãos e agências estrangeiras, a Anac promove a cooperação, compartilhando conhecimentos específicos do meio aeronáutico civil, além de contribuir com o aperfeiçoamento sistêmico, buscando colocar a aviação brasileira alinhada às boas práticas da aviação internacional.

Alguns exemplos dessas ações internacionais realizadas pela Anac estão elencados a seguir.

Parceria em aviação Brasil-Estados Unidos

A parceria em aviação Brasil-Estados Unidos contempla as seguintes ações:

> - expandir e aprofundar a cooperação entre os dois países no campo da aviação civil, com base no entendimento e benefício mútuos;
> - facilitar o diálogo entre órgãos governamentais de ambos os países com o objetivo de desenvolver iniciativas de cooperação mutuamente benéficas;
> - incrementar a cooperação e a compreensão do setor privado, criando oportunidades econômicas mútuas e promovendo investimentos, incluindo iniciativas de cooperação no setor privado, especialmente aquelas direcionadas ao aumento da eficiência, da produtividade e das capacidades dos setores de aviação civil em cada país.

Cooperação Anac-Brasil e Anac-França

Esse programa viabilizou a participação de servidores da autoridade de aviação brasileira em cursos de mestrado profissionalizante oferecidos por centros franceses de excelência em treinamento e capacitação em aviação civil.

Para saber mais

A Anac também tem diversos materiais para que os usuários dos serviços da aviação civil possam ter acesso às informações técnicas dos trabalhos realizados pela agência e, assim, entender a amplitude de suas ações. Em seu portal eletrônico, a Anac disponibiliza diversos materiais divididos por assuntos relacionados a estatísticas, segurança de voo, meio ambiente, entre outros.

ANAC – Agência Nacional de Aviação Civil. Disponível em: <https://www.gov.br/anac/pt-br>. Acesso em: 9 fev. 2022.

Outro importante papel da Anac diz respeito ao controle do parque de aeronaves registradas e homologadas para operarem no espaço aéreo brasileiro e internacional, com matrícula brasileira. Em síntese, para estar aeronavegável (autorizada para operações de voo), toda aeronave precisa ter seu registro ativo na agência.

A seguir, o Gráfico 5.1 mostra o número de aeronaves registradas atualmente na Anac.

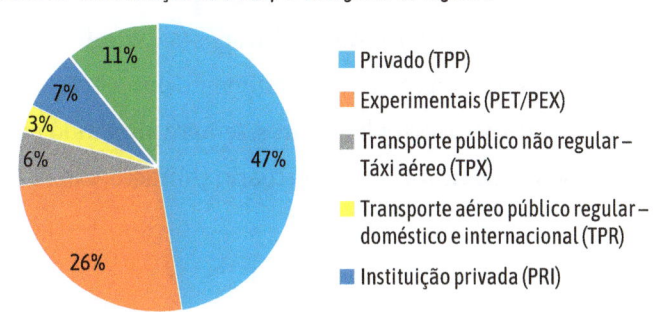

Gráfico 5.1 – *Distribuição de frota por categoria de registro*

- Privado (TPP): 47%
- Experimentais (PET/PEX): 26%
- Transporte público não regular – Táxi aéreo (TPX): 6%
- Transporte aéreo público regular – doméstico e internacional (TPR): 3%
- Instituição privada (PRI): 7%
- 11%

Fonte: Anac, 2020.

Pelo que podemos observar no Gráfico 5.1, grande parte das aeronaves registradas no Brasil é de uso particular, e apenas pequena parte é empregada para passageiros com operação de transporte regular. Aqui estão enquadradas as empresas de transporte público, utilizado pela maioria dos passageiros que circulam nos aeroportos. Essa mesma frota é responsável também por grande parte do transporte de carga que trafega nesse modal. Atualmente, o Brasil conta com 22.410 aeronaves civis cadastradas (Anac, 2020).

5.3 Empresa Brasileira de Infraestrutura Aeroportuária (Infraero)

A Infraero é uma empresa pública da esfera federal, vinculada ao Ministério da Infraestrutura, que atua há mais de 40 anos na administração dos principais aeroportos do país. Fundada em 1972 – com início das atividades em 1973 –, está entre as três maiores operadoras do mundo e cuida diretamente de 43 aeroportos espalhados pelo Brasil (Infraero, 2022a).

Atualmente, a Infraero tem participação societária nos aeroportos de Brasília (DF), Guarulhos e Viracopos (SP), Confins (MG) e Galeão (RJ). Está focada no bom atendimento dos passageiros que trafegam nos aeroportos brasileiros, sempre primando pela sustentabilidade do negócio aeroportuário (Infraero, 2022a).

5.3.1 Estrutura organizacional

A Infraero é uma empresa pública de administração indireta[b]. Em seu modelo de governança, há algumas divisões da estrutura organizacional que buscam suportar suas competências a fim de cumprir seu planejamento estratégico. Entre essas divisões, denominadas *órgãos de governança*, estão:

> **Assembleia Geral**: é o grupo de dirigentes que se reúne ordinariamente (uma vez por ano) ou extraordinariamente (sempre que necessário) para deliberar sobre assuntos específicos da corporação.
> **Conselho de Administração**: responsável pela governança corporativa, é composto por diversos membros ligados aos Ministérios da Infraestrutura, da Defesa e da Economia e por representantes dos empregados da própria empresa, bem como por um representante do Ministério Superior (Presidência da República).
> **Conselho Fiscal**: é um grupo formado por dirigentes vinculados aos Ministérios da Infraestrutura e da Fazenda (este último responsável pelas questões financeiras ligadas ao Tesouro Nacional).
> **Diretoria Executiva**: composta por integrantes que representam a Presidência da República, cuida de operações técnicas, finanças e novos negócios e das áreas jurídica e administrativa.
> **Comitê de Auditoria**: voltado para as auditorias internas, concentra a atenção na prática das ações da empresa, com

---

b   Quando não pretende executar certa atividade por meio dos próprios órgãos, o Poder Público transfere sua titularidade ou execução a outras entidades.

base em seus valores formais estipulados no planejamento estratégico.

› **Comitê de Pessoas, Elegibilidade, Remuneração e Sucessão**: é composto por membros do Conselho de Administração, da Auditoria e da área jurídica da Infraero. É dedicado à apresentação de custos referentes a colaboradores da empresa e empregados terceiros que atuam na equipe.

A Figura 5.3 apresenta um organograma com a estrutura organizacional da Infraero.

Figura 5.3 – *Estrutura organizacional da Infraero*

```
                          Assembleia Geral
                                 |——————— Comitê de Elegibilidade
                    Conselho Fiscal
                          Conselho de Administração
         Comitê de Auditoria
                                 |——————— Auditoria interna
                                 |——————— Ouvidoria
                          Diretoria Executiva
                               Presi
                             Presidência
                    DN            DS            DO
              Diretoria de   Diretoria de   Diretoria de
              Finanças e     Soluções       Operações e
              Novos          Jurídicas e    Serviços
              Negócios       Administrativas Técnicos
```

Legenda
■ Diretoria
■ Superintendência
■ Gerência – Brasília
▨ Não estrutural

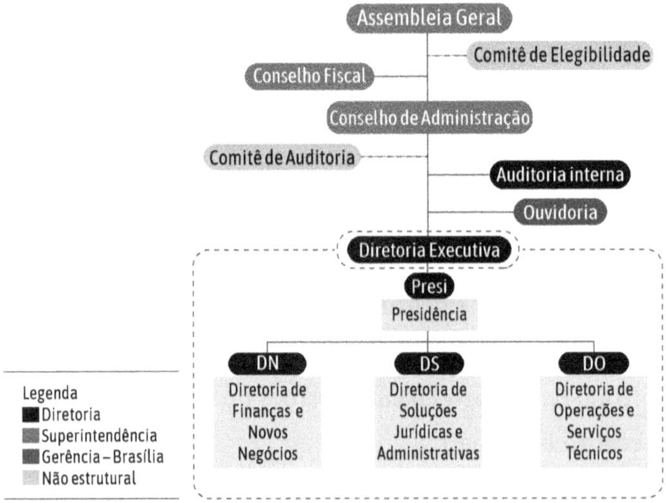

Fonte: Infraero, 2022b.

Como é possível perceber, algumas áreas estão ligadas à governança corporativa. Mas como será que isso funciona dentro da Infraero? Primeiro, é preciso entender que a governança corporativa, de forma macro, pode ser entendida como processos estruturados que têm como principal objetivo garantir a confiabilidade dos assuntos e ações tratados em uma organização, de maneira clara e transparente.

Seguindo essa premissa, a Infraero (2022b) mantém uma estrutura de governança fundamentada em seu planejamento estratégico e em seus códigos de ética e integridade, visando assegurar os níveis de qualidade de seus serviços ao público consumidor. A Figura 5.4 ilustra como está atualmente organizada a matriz de governança da Infraero.

Figura 5.4 – **Estrutura de governança da Infraero**

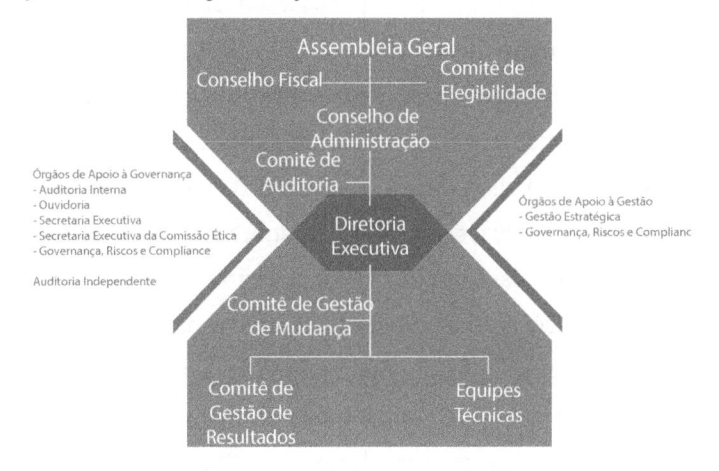

![Estrutura de governança da Infraero]

Órgãos de Apoio à Governança
- Auditoria Interna
- Ouvidoria
- Secretaria Executiva
- Secretaria Executiva da Comissão Ética
- Governança, Riscos e Compliance

Auditoria Independente

Assembleia Geral
Conselho Fiscal
Comitê de Elegibilidade
Conselho de Administração
Comitê de Auditoria
Diretoria Executiva
Comitê de Gestão de Mudança
Comitê de Gestão de Resultados
Equipes Técnicas

Órgãos de Apoio à Gestão
- Gestão Estratégica
- Governança, Riscos e Compliance

Fonte: Infraero, 2022c.

Na Figura 5.4, é possível notar a existência de uma área focada na gestão de riscos, algo fundamental em um comitê de governança corporativa, já que um de seus principais focos está relacionado a possibilidades de falta de *compliance*. Em outras palavras, é premissa da governança corporativa que seja preservada qualquer questão relacionada à ética e à integridade dos valores organizacionais.

Por se tratar de uma empresa ligada a riscos iminentes pela natureza de suas operações (aviação comercial), a

Infraero (2022a) adota uma postura bastante rígida em seus processos, com vistas a mitigar ao máximo as probabilidades de riscos de grande magnitude que possam impedir o transcorrer normal das operações.

5.4 *Departamento de Controle do Espaço Aéreo (Decea)*

Como provedor dos serviços ligados à navegação aérea, o Departamento de Controle do Espaço Aéreo (Decea) é responsável pela ordenação das aeronaves civis e militares (nacionais e internacionais) no espaço aéreo brasileiro, contribuindo com a coordenação e o controle delas (Brasil, 2021).

Como órgão de gestão do Sistema de Controle do Espaço Aéreo Brasileiro (Sisceab), o Decea é subordinado diretamente ao Comando da Aeronáutica. O Sisceab é composto de diversas instalações com infraestrutura que suportam serviços como auxílio à navegação aérea, radares de vigilância, centros de controle e torres de controle de aeródromo, estações de telecomunicações e recursos humanos (Brasil, 2021).

Toda essa estrutura visa conferir segurança e eficiência à gestão do tráfego sob a jurisdição do espaço aéreo brasileiro (algo em torno de 22 milhões de km^2). Entre as atividades relacionadas a essa gestão, o Decea, diante de suas competências, entrega os seguintes serviços:

› Controle de Tráfego Aéreo (atc);

› Telecomunicações aeronáuticas e auxílios à navegação aérea;

› Meteorologia aeronáutica;

- › Cartografia e informações aeronáuticas;
- › Busca e salvamento;
- › Inspeção em voo;
- › Coordenação e fiscalização de ensino técnico específico; e
- › Supervisão de fabricação, reparo, manutenção e distribuição de equipamentos terrestres de auxílio à navegação aérea. (Brasil, 2021)

A cobertura do espaço aéreo sob a responsabilidade do Decea se estende também pela costa oceânica, com um avanço de aproximadamente 3 mil km, tendo em vista a proteção de aeronaves que se afastam e se aproximam da América do Sul (Brasil, 2022c).

Atualmente, o Decea conta com uma infraestrutura capaz de cobrir todo o espaço aéreo do país, utilizando equipamentos e sistemas de alta tecnologia disponíveis 24 horas por dia, de forma ininterrupta (Brasil, 2021). A seguir, vejamos de que se compõe essa infraestrutura.

5 centros de controle de área

Esses centros são responsáveis pela ordenação de aeronaves em voo, em uma cobertura geográfica bastante ampla (os cinco centros cobrem todo o território nacional). Os profissionais que ali trabalham (controladores de voo) fazem parte, em sua maioria, da ala militar (Força Aérea Brasileira), e sua principal atividade é garantir a segurança nos trajetos das aeronaves (civis e militares) que trafegam no espaço aéreo brasileiro, fazendo com que as tripulações (pilotos) sigam os regulamentos formais de tráfego aéreo internacional (homologado pela Icao), preservando, assim, a segurança das operações aéreas.

42 controles de aproximação

São responsáveis pela ordenação das aeronaves que chegam e partem dos aeroportos controlados (gerenciados por esse órgão). O controle de aproximação é o órgão com o qual as tripulações de voo (pilotos) devem fazer contato logo após a decolagem ou assim que estão prontas para entrar na órbita próxima do aeroporto de destino.

Figura 5.5 – *Exemplo de um radar de vigilância para operações de pouso e decolagens*

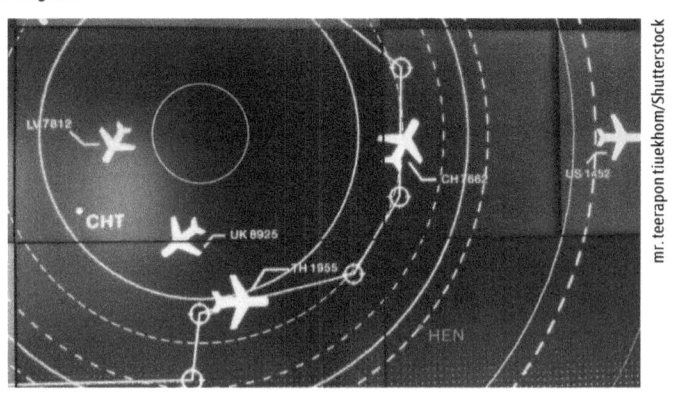

59 torres de controle de aeródromo

São responsáveis pelo tráfego de aeronaves em solo (nos aeroportos). Por meio deles, as tripulações de voo fazem contato a fim de solicitar autorização para partida de motores e posterior decolagem. Os profissionais que trabalham nas torres de controle são incumbidos de manter a separação segura de todos os veículos terrestres, aeronaves e pessoas (passageiros e profissionais de solo) que circulam nos pátios desses aeroportos. Os controladores de voo (que trabalham nas torres) cuidam da segurança e integridade dos equipamentos que fazem parte do tráfego nos arredores da torre de controle.

Figura 5.6 – **Torre de controle de aeródromo**

ersin ergin/Shutterstock

79 destacamentos de controle do espaço aéreo

São compostos por profissionais especializados em segurança de operações aéreas que atuam no acompanhamento das aeronaves desde sua decolagem até o pouso. Essas equipes integram o time de apoio dos órgãos de controle para assegurar que tenham um plano de contingência em caso de falhas. Na aviação, a contingência é algo conduzido com muita seriedade, visto que os tripulantes em voo dependem única e diretamente deles para garantir sua segurança.

Embora haja grande disponibilidade de tecnologias nos órgãos de controle, é de vital importância a presença humana especializada nessas operações.

90 estações de telecomunicações aeronáuticas

São necessárias para que haja um contato constante e confiável entre os órgãos de controle e as aeronaves em voo – o Decea mantém as próprias estações exclusivas para garantir esses serviços. As estações de telecomunicação usadas pelos órgãos de controle aéreo contam com especificidades técnicas voltadas a operações complexas e são preparadas para não sofrer interferências por operadores públicos a fim de assegurar a integridade, a estabilidade e a segurança das informações entre solo e ar.

75 estações prestadoras de serviços de telecomunicações e de tráfego aéreo

São estruturas de apoio à comunicação entre as equipes em solo e em voo, tendo o objetivo de garantir a regularidade das operações. Aqui também estão inclusos os atuais serviços satelitais que asseguram alto nível de confiança para informações relativas às localizações precisas das aeronaves em voo.

170 radares

Os radares aeronáuticos são como os olhos dos controladores de tráfego aéreo. A maior parte desses controladores trabalha em ambientes fechados e, muitas vezes, por questões de segurança, em salas subterrâneas. Isso se faz necessário para mitigar riscos de ataques a esses centros de controle em situações de guerra. Por esse motivo, a Decea mantém seus radares distribuídos em regiões estratégicas, a fim de que as operações consigam ter total cobertura do céu brasileiro e não se perca de vista nenhuma aeronave. O órgão também conta com equipes próprias (gerentes militares) especializadas na manutenção desses equipamentos.

50 sistemas de pouso por instrumentos, entre outros auxílios à navegação aérea

O Decea disponibiliza para alguns aeroportos controlados (nem todos) sistemas de alta precisão para pouso de aeronaves que se aproximam em más condições de visibilidade nos procedimentos de pouco crítico. Eles são compostos de equipamentos de comunicação instalados nas cabeceiras das pistas de pouso e decolagem que, ao interceptarem uma aeronave em aproximação para pouso, transmitem informações aos instrumentos dela, auxiliando o piloto para um pouso preciso e seguro. Assim, as aeronaves precisam estar preparadas para essa comunicação sistêmica, ou seja, também devem contar com equipamentos compatíveis com os instalados nas pistas.

Da mesma forma, as tripulações que comandam as aeronaves precisam ser treinadas e certificadas para operar esses sistemas, os quais são divididos em categorias conforme o grau de precisão que fornecem aos pilotos para que eles conduzam as aeronaves com segurança até o pouso. Quanto maior o nível de precisão, maior a categoria dada ao sistema e ao aeroporto que o detém. Esses níveis são categorizados pela altura a que uma aeronave consegue realizar o pouso sem a interferência humana (do piloto), isto é, esses equipamentos são capazes de conduzir a aproximação das aeronaves de forma sistêmica e automática, evitando, assim, a falha humana nas operações.

Figura 5.7 – *Visão da cabine de comando de uma aeronave comercial*

Hananeko_Studio/Shutterstock

Vejamos a seguir um exemplo de como são organizados os centros de controle do espaço aéreo brasileiro comandados pelo Decea. A Figura 5.8 ilustra uma divisão, por camadas, dos principais órgãos de controle de acordo com as competências detalhadas anteriormente.

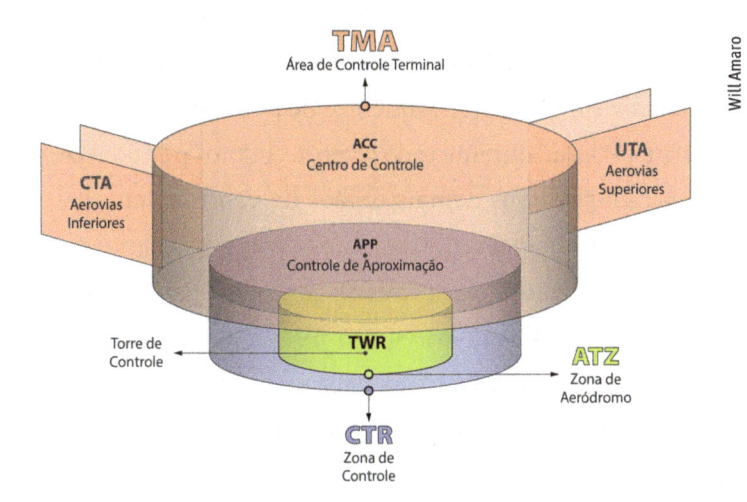

Figura 5.8 – **Ilustração da divisão dos centros de controle**

Fonte: Diário de Bordo, 2011.

É importante reforçar que todos os órgãos dentro da estrutura do Decea são interconectados. Isso porque fazem parte de um sistema único com o objetivo de garantir a segurança das navegações aéreas, conforme mencionamos anteriormente. Em síntese, desde o momento de partida do motor da aeronave até o pouso e estacionamento no pátio do aeroporto de destino, todos esses órgãos coordenam cada uma das fases da operação e se comunicam entre si para que os profissionais envolvidos não percam o controle em caso de algum incidente ou acidente. Nenhuma aeronave é deixada de ser monitorada até finalizar seu plano de voo[c].

Como é possível perceber, diferentemente do que muitos pensam, a comunicação entre pilotos e centro de controle não se restringe apenas às torres de controle localizadas nos

---

c Plano de voo é o documento entregue pelo piloto aos centros de controle no qual consta o planejamento do voo (partida, rota, aeroportos, horários etc.).

aeroportos. Na verdade, estas são apenas o primeiro órgão que os pilotos têm à disposição no momento da partida e da decolagem; depois disso, terão contato novamente apenas no momento final dos procedimentos de pouso no aeroporto de destino. Porém, durante todo o voo, os pilotos permanecerão conectados com os demais órgãos de controle, em que as respectivas equipes (controladores de voo) se manterão conectadas – incluindo as torres de controle – para monitorar todo o voo, buscando assegurar que as aeronaves possam completar seus voos com ordenação, separação segura entre elas e cumprimento das regras para uma completa harmonia nos céus.

Dessa forma, o Decea é responsável por todo esse sistema e cadeia de órgãos, cada qual com a respectiva competência, mantendo elos entre eles e respeitando as normas internacionais divulgadas pela Icao para garantir que os usuários (passageiros) possam desfrutar dos serviços prestados com pontualidade e, principalmente, segurança.

5.5 Sistema de Prevenção de Acidentes Aeronáuticos (Sipaer) e Centro de Investigação e Prevenção de Acidentes Aeronáuticos (Cenipa)

O Sistema de Prevenção de Acidentes Aeronáuticos (Sipaer) tem como propósito, por meio de seu órgão principal, o Centro de Investigação e Prevenção de Acidentes Aeronáuticos (Cenipa), fundado em 1971, planejar, orientar, coordenar, controlar e executar atividades de prevenção e investigação de acidentes e incidentes aeronáuticos, tanto para casos de aeronaves em voo quanto para aqueles de aeronaves em solo. Assim como outros órgãos comentados nos capítulos anteriores, o Cenipa está vinculado diretamente ao Comando da Aeronáutica e é responsável pelas atividades ligadas às investigações de acidentes aeronáuticos da aviação civil, bem como à Força Aérea Brasileira – FAB (Cenipa, 2022a).

O Sipaer, por sua vez, não está ligado diretamente apenas à Aeronáutica, já que outras Forças Armadas também possuem aeronaves. Dessa maneira, em se tratando de um sistema integrado, permeia todas as demais forças, dando a devida importância e prioridade a todas elas, tendo como foco principal a integridade da vida humana independentemente de sua origem.

Buscando a excelência em sua missão, o Cenipa vem realizando regularmente atividades educacionais, baseando-se nas regulamentações internacionais para todos os envolvidos nas operações de voo. Desse modo, fundamentado em sua filosofia de prevenção, busca antecipar possíveis ocorrências de acidentes que possam ser mitigadas por meio desse movimento mediante palestras, eventos de segurança de voo, eventos aeronáuticos, treinamentos para operadores de aeroportos e tripulantes de voo, divulgação da filosofia Sipaer em revistas técnicas etc.

De forma prática, atualmente o Cenipa executa as seguintes atividades, em conformidade com o Decreto n. 6.834, de 30 de abril de 2009 (Brasil, 2009):

> › Planejar, normatizar, orientar, coordenar, controlar e supervisionar as atividades de prevenção de acidentes

aeronáuticos envolvendo a infraestrutura aeronáutica brasileira, incluindo, entre outros, a aviação militar, a aviação civil, os operadores brasileiros de aeronaves civis e militares, a infraestrutura aeroportuária brasileira, o controle do espaço aéreo brasileiro, a indústria aeronáutica brasileira e todos os segmentos relacionados;

› Normatizar, orientar, coordenar, controlar e executar atividades de investigação de acidentes aeronáuticos, de incidentes aeronáuticos e de ocorrências de solo havidos em território nacional;

› Supervisionar as atividades de prevenção e de investigação de acidentes aeronáuticos, incidentes aeronáuticos e ocorrências de solo realizadas pelos Serviços Regionais de Investigação e Prevenção de Acidentes Aeronáuticos (SERIPA)[d];

› Supervisionar, regular, coordenar, executar e fazer cumprir os dispositivos relativos à prevenção e à investigação de acidentes aeronáuticos, no âmbito da aviação civil, em conformidade com os Anexos à Convenção de Aviação Civil Internacional e com as normas do Sistema de Investigação e Prevenção de Acidentes Aeronáuticos (SIPAER);

› Supervisionar, regular, coordenar, executar e fazer cumprir os dispositivos relativos à prevenção e à

---

d Seripa são unidades do Cenipa que, divididas por regiões no território nacional, executam as atividades correlatas à missão do próprio Cenipa.

investigação de acidentes aeronáuticos, no âmbito da aviação militar, em conformidade com as normas do SIPAER;

› Participar das atividades de investigação de acidentes e incidentes aeronáuticos ocorridos no exterior, envolvendo: operador civil brasileiro; aeronave civil de matrícula brasileira; aeronaves militares brasileiras ou aeronave de fabricação brasileira;

› Elaborar e divulgar os Relatórios Finais de acidentes aeronáuticos, de incidentes aeronáuticos e de ocorrências de solo;

› Coordenar e apoiar a realização das sessões plenárias e reuniões do Comitê Nacional de Prevenção de Acidentes Aeronáuticos (CNPAA);

› Planejar, executar e supervisionar a formação, o treinamento e o aperfeiçoamento técnico-profissional dos recursos humanos para o exercício das atividades no âmbito do SIPAER;

› Elaborar o Programa de Prevenção de Acidentes Aeronáuticos (PPAA) para a aviação civil e militar brasileira, bem como, juntamente com o DECEA, o PSOE do COMAER; e

› Representar o País junto aos organismos internacionais nos assuntos relacionados com a prevenção e a investigação de acidentes aeronáuticos. (Cenipa, 2022a)

O Gráfico 5.2 mostra evidências oficiais de acidentes aeronáuticos nos últimos 10 anos, conforme o Painel Sipaer. De um total de 150 acidentes, 98 apresentaram fatalidades (mortes).

O painel apresenta um filtro de acidentes aéreos para equipamentos em suas fases de decolagem. Nos Gráficos 5.3 e 5.4, respectivamente, as informações revelam os acidentes por tipo de ocorrência durante os processos de decolagem e de pouso das aeronaves envolvidas.

*Gráfico 5.2 – **Acidentes ocorridos entre 2010 e 2019***

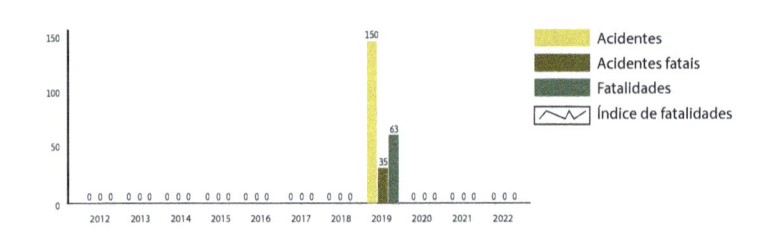

Fonte: Cenipa, 2022b.

*Gráfico 5.3 – **Acidentes por tipo de ocorrência (decolagem)***

Tipo de ocorrência	Quantidade
Perda de controle em voo	83
Falha do motor em voo	75
Perda de controle no solo	58
Excursão de pista	43
Colisão com obstáculos durante a decolagem	26
Falha ou mau funcionamento de equipamentos	11
Outros	10
Indeterminado	8
Colisão com fauna	7

Fonte: Cenipa, 2022b.

*Gráfico 5.4 – **Acidentes por tipo de ocorrência (pouso)***

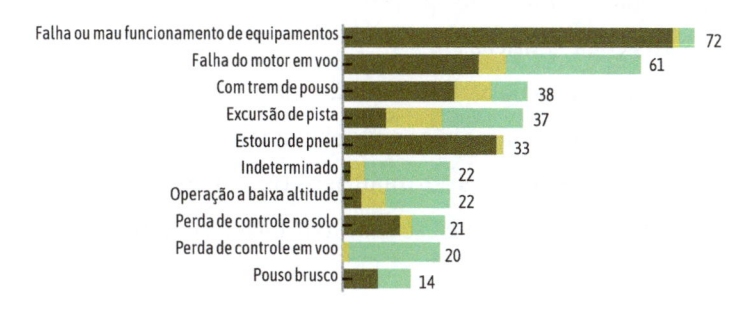

Tipo de ocorrência	Quantidade
Falha ou mau funcionamento de equipamentos	72
Falha do motor em voo	61
Com trem de pouso	38
Excursão de pista	37
Estouro de pneu	33
Indeterminado	22
Operação a baixa altitude	22
Perda de controle no solo	21
Perda de controle em voo	20
Pouso brusco	14

Fonte: Cenipa, 2022b.

O Cenipa tem como escopo de suas atribuições a preservação do meio ambiente (fauna e flora), que sofre impactos diretos e indiretos das operações aéreas. Aqui estão inclusas causas como: poluição sonora sobre cidades; poluição por emissão de gases dos motores aeronáuticos; morte de animais (principalmente aves) por ingestão dos motores durante as operações de voo; limpeza (beiras de pistas) de carcaças de animais abatidos por essas ingestões, que podem atrair urubus; e interferência da fauna nativa próxima das pistas dos aeroportos.

5.6 Sistema SAR Aeronáutico

O Sistema de Busca e Salvamento Aeronáutico (Sissar), mais conhecido como SAR, atua em uma área de 22 milhões de km² – grande parte sobre o Oceano Atlântico e a Amazônia – e está organizado e estruturado para efetuar missões de busca e salvamento em consonância com os compromissos e normas nacionais e internacionais. Está conectado 24 horas por dia a todos os órgãos de controle que vimos anteriormente. Trata-se de um sistema dividido em unidades regionais, com equipes treinadas para situações de busca e salvamento de pessoas e embarcações, tanto em aeronaves quanto em embarcações náuticas.

Suas principais atribuições são: localizar ocupantes de aeronaves ou embarcações em perigo; resgatar tripulantes e vítimas de acidentes aeronáuticos ou marítimos com segurança; e interceptar e escoltar aeronaves em emergência.

5.7 Centro de Coordenação de Salvamento (RCC)

Os Centros de Coordenação e Salvamento (Rescue Coordination Centers – RCCs) são órgãos ligados diretamente ao Comando da Aeronáutica, com posições distribuídas regionalmente pelo país. Têm a missão de agir em atividades de busca e salvamento de vidas humanas envolvidas em acidentes aéreos ou marítimos. Também conhecidos como *Salvaero*, trabalham de forma interligada com diversos outros órgãos atuantes nas áreas de controle de espaço aéreo e marítimo e contam com uma equipe de profissionais altamente especializada, atuando em regime de 24 horas por 7 dias durante todo o ano.

Entre as missões atribuídas aos RCCs estão (Decea, 2011):

> Missão de Busca (MBU): localizar aeronaves ou embarcações desaparecidas;
> Missão de Salvamento (MSA): fazer retornar à segurança ocupantes de aeronaves abatidas ou acidentadas;
> Missão de Interceptação e Escolta (MIE): interceptar e escoltar aeronaves em emergência até um aeródromo;
> Missão de apoio (MIA): proporcionar apoio a aeronaves e equipes terrestres;
> Missão de Humanidade (MHU): oferecer colaboração em casos de calamidade pública;
> Missão de Misericórdia (MMI): oferecer transporte de doentes feridos, vítimas de acidentes, transporte de medicamentos e recursos médicos.

As equipes de profissionais, formadas majoritariamente por militares, também fazem parte dos sistemas de comunicação aeronáuticos, bem como de outros meios públicos de comunicação em massa (TV, rádio, internet etc.), sempre visando utilizar todas as fontes possíveis de informação, no menor tempo possível, para ir em busca de sobreviventes que necessitem de auxílio.

5.8 Centro Brasileiro de Controle de Missão Cospas-Sarsat (BRMCC)

No âmbito do sistema Sipaer, ainda podemos contar com o Centro Brasileiro de Controle de Missão Cospas-Sarsat (BRMCC), localizado em Brasília (DF), que tem como missão prover a busca e o salvamento de qualquer pessoa envolvida em acidentes aeronáuticos ou marítimos dentro da área de responsabilidade em nosso território nacional (Decea, 2011).

O BRMCC está ligado diretamente aos serviços prestados pelo SAR e ao Sistema de Busca e Salvamento Marítimo, que é operado pela Marinha do Brasil. Esse serviço é feito de forma humanitária, não discriminatória e livre de custos aos usuários (Decea, 2011).

O BRMCC distribui sinais de emergência transmitidos por aeronaves, embarcações ou pessoas em situações de perigo aos RCCs. Esses sinais são captados por satélites e transmitidos a estações em terra localizadas em Brasília, Recife e Manaus.

6
Proteção das instalações aeroportuárias

Muitas são as variáveis ligadas ao risco a que um aeroporto está exposto diariamente. Aqui nos referimos não apenas às operações de pouso e decolagem, que logicamente são de alto risco, mas também ao fato de que, a todo momento e em todos os cantos da infraestrutura do aeroporto, há chances de ocorrerem incidentes ou acidentes, tendo em vista toda a circulação de veículos, pessoas, cargas sensíveis (caminhões de combustíveis, por exemplo), esteiras de bagagens etc.

Como mencionamos no capítulo anterior, a Empresa Brasileira de Infraestrutura Aeroportuária (Infraero) é a principal responsável pela infraestrutura dos principais aeroportos do Brasil, sempre monitorando e buscando aplicar os regulamentos internacionais de segurança para mitigar tais riscos. Neste capítulo, veremos como são controladas e gerenciadas as imensas possibilidades de riscos dentro de um ambiente tão dinâmico como um aeroporto de intenso tráfego de passageiros.

6.1 Avaliação da proteção das instalações aeroportuárias

Com base no Programa de Segurança Aeroportuária (PSA), todo aeroporto mantém ativo um plano de segurança para garantir os mínimos operacionais exigidos pelas regras internacionais de segurança aeroportuária. O programa dispõe de regras que explicitam formalmente como os operadores de aeródromos devem utilizar os recursos (materiais e humanos) da organização, bem como explica os procedimentos operacionais que vão assegurar o cumprimento das atividades exigidas na regulamentação (Obter..., 2021).

Esse documento deve conter informações gerais do aeroporto e de seu operador, a descrição em detalhes da infraestrutura e dos equipamentos de segurança empregados em situações de emergência, assim como as medidas e os procedimentos de segurança realizados no aeródromo.

Cada aeroporto deve nomear uma pessoa responsável pelas questões relacionadas às atividades de gerenciamento de segurança. A identidade desse profissional será de conhecimento das autoridades incumbidas por monitorá-lo e apoiá-lo nos trabalhos para a aplicação efetiva do PSA.

Além de nomear o encarregado pela gestão da segurança de operações, cabe à administração dos aeroportos apoiar a criação da Comissão de Segurança Aeroportuária (CSA), a qual será composta por funcionários desse aeroporto que, juntamente com o responsável pela área de segurança, vão assegurar o estabelecimento e a implantação dos procedimentos no respectivo PSA.

A administração do aeroporto também deve garantir que se considerem as necessidades e os requisitos de segurança da aviação civil em projetos e na construção de novas instalações aeroportuárias sempre que necessário, bem como na reforma ou ampliação de suas instalações. Deve, ainda, apresentar em seu documento de PSA as responsabilidades referentes à segurança da aviação civil de suas contratadas – empresas de serviços auxiliares (como postos de combustíveis e brigada de incêndio) –, fiscalizar e apoiar a implementação das medidas de segurança estabelecidas no programa para seus concessionários e empresas de serviços auxiliares contratadas pela administração e realizar auditorias internas para garantir a eficácia das medidas estabelecidas, sob a supervisão da Agência Nacional de Aviação Civil (Anac).

Há diversas outras reponsabilidades que fazem parte do escopo das administrações dos aeroportos, ligadas às questões de segurança da aviação civil, mas buscamos apresentar aqui as mais relacionadas ao quesito *segurança*.

6.2 *Sistema de Gerenciamento de Segurança Operacional (SGSO)*

Embora a tecnologia de ponta permeie toda a cadeia logística dentro de um aeroporto, a operação como um todo só ocorre com a interferência humana. Assim, mesmo que existam tecnologias capazes de automatizar muitos processos, as tomadas de decisão, principalmente em casos de emergência, ainda cabem aos profissionais que trabalham ali. Com base nesse ponto de vista, nota-se que as pessoas envolvidas no processo são uma das principais variáveis ligadas ao risco. Dessa forma, elas devem fazer parte dos cuidados necessários com vistas a garantir a sinergia e o bom andamento das operações.

Considerando-se esse raciocínio, foi desenvolvido o Sistema de Gerenciamento de Segurança Operacional (SGSO), que corresponde a um conjunto de ferramentas gerenciais e métodos organizados para apoiar as decisões a serem tomadas por um provedor de serviço da aviação civil (funcionário que trabalha no aeroporto) em relação ao risco de suas atividades diárias (Anac, 2009).

O SGSO consiste em processos definidos com o objetivo de orientar uma tomada de decisão eficaz fundamentada na análise de dados de segurança operacional coletados em diversos níveis e de modo contínuo pela organização (Anac, 2009). Segundo a agência, os processos-chaves são:

> › Identificação de Perigos: conjunto de atividades voltadas para identificação de perigos relacionados com sua organização.
>
> › Reporte de Eventos de Segurança Operacional (ESO) – processo de aquisição de dados e informações relacionados à segurança operacional.
>
> › Gerenciamento de riscos: processo padronizado para avaliação e definição de medidas de controle de riscos.
>
> › Medição de desempenho: ferramentas gerenciais definidas para avaliar se os objetivos de segurança operacional da organização estão sendo atingidos.
>
> › Garantia da qualidade: conjunto de atividades voltadas para padronização da prestação do serviço conforme critérios estabelecidos de desempenho. (SGSO, 2010)

O SGSO deve ser uma ferramenta para auxiliar nas decisões, e não um programa de segurança tradicional, separado e distinto dos negócios. Seu enfoque é a melhoria contínua da segurança operacional, entendida como "o estado no qual o risco de lesões a pessoas ou danos a bens se reduzem e se mantêm em um nível aceitável [conforme normas da Icao] ou abaixo deste, por meio de um processo contínuo de identificação de perigos e gestão de riscos" (Anac, 2012, p. 51).

No âmbito do SGSO, procura-se analisar os riscos, classificando-os por níveis de perigo. São eles:

> **Perigos naturais**: meteorológicos, eventos geofísicos, eventos ambientais de grandes proporções, eventos de saúde pública, entre outros.
> **Perigos técnicos**: aeronaves e seus componentes, instalações do aeroporto, equipamentos e ferramentas, sistemas internos e externos ligados ao aeroporto, entre outros.
> **Perigos econômicos**: tendências globais relacionadas a fatores como expansão de mercado, recessão, custo de materiais e equipamentos.

Separando-se dessa forma, torna-se mais organizada a distinção dos pontos de vulnerabilidade para os integrantes envolvidos com a gestão de segurança do aeroporto, que então podem classificar seus pontos fracos e tratá-los de forma a mitigar os possíveis riscos já estudados.

Na prática, como será que uma equipe classificaria um possível risco em determinado aeroporto para que fosse tomada alguma medida ou decisão relacionada ao caso? Vamos dar um exemplo a seguir.

Caso: um aeroporto passará por reformas de ampliação em sua infraestrutura (manutenção nas pistas de táxi e pouso). Essa é uma situação bem comum atualmente, levando-se em consideração o crescimento de passageiros.

Aplicação prática: identificação e análise dos perigos.

Perigo genérico: obras no aeroporto.

Componentes específicos do perigo: equipamentos de construção; pistas de táxi interditadas.

Consequências específicas: aeronaves podem colidir com os equipamentos da construção ou equivocadamente transitar em pista de táxi errada.

Embora pareça lógico esse tipo de classificação, é fundamental que o time responsável pela identificação do problema e o tomador de decisão tenham maturidade e sensibilidade para avaliar todas as possibilidades de risco envolvidas nesses apontamentos. Afinal, há inúmeros desdobramentos que ocorrerão dependendo da escolha feita para mitigar situações adversas: mudanças de horário na obra para reduzir riscos poderão impactar as operações; funcionários terceirizados na obra podem não ter treinamento adequado para trabalhar em um ambiente de alto risco; alterações no projeto poderão exigir um investimento não previsto pela administração do aeroporto; entre outras.

De toda forma, é indiscutível a necessidade do emprego de procedimentos de segurança que garantam uma boa avaliação de riscos. Também é de suma importância um bom PSA e, logicamente, uma excelente Comissão de Segurança Aeroportuária (CSA), em condições de aplicar e gerenciar todos os procedimentos e normas, a fim de garantir ao máximo a integridade humana e dos bens materiais pertencentes às operadoras (empresas aéreas, empresas auxiliares, infraestrutura do aeroporto etc.).

Apenas para enriquecer um pouco mais o conhecimento e facilitar o entendimento da abrangência do escopo do SGSO, observe a Figura 6.1, que mostra os pilares centrais das atividades relacionadas à sua missão.

Figura 6.1 – Pilares do SGSO

Política e objetivos da segurança operacional
Estabelece o compromisso da alta direção para melhorar continuamente a segurança operacional e define os métodos, processos e estrutura organizacional necessários para atender aos objetivos da segurança operacional.

Garantia da segurança operacional
Verifica o desempenho da segurança operacional da organização em comparação com as políticas e objetivos de segurança operacional e valida a eficácia dos controles de riscos implantados na organização.

SGSO

Gerenciamento do risco à segurança operacional
Tem por objetivo desenvolver e implantar processos organizacionais e procedimentos para identificar os perigos e controlar/mitigar os riscos à segurança operacional decorrentes de uma operação da aviação.

Promoção da segurança operacional
Inclui capacitação, comunicação e outras ações para criar uma cultura de segurança positiva em todos os níveis da organização.

Fonte: Coltro; Santos, 2015, p. 43.

6.3 Identificação da infraestrutura e dos bens que devem ser protegidos

Conforme mencionamos no capítulo anterior, um aeroporto apresenta uma infraestrutura muito complexa e abrangente, em virtude da particularidade de sua forma de operação, pois lida com muitas pessoas em trânsito dentro de seu ambiente físico e com diversos equipamentos de alta complexidade que trazem riscos significativos às pessoas que por ali circulam.

Além disso, salientamos que existe uma padronização na forma de lidar e cuidar da infraestrutura dos aeroportos em todos os países e que, para que isso aconteça, é necessário que as administrações aeroportuárias se baseiem nas normas internacionais divulgadas pela Organização Internacional da Aviação Civil (International Civil Aviation Organization – Icao) por meio de seus anexos técnicos. Dessa maneira, há como manter a aviação civil e militar dentro dos padrões mínimos exigidos pela segurança operacional, garantindo-se, assim, a integridade da vida humana e patrimonial dos aeroportos e dos equipamentos que lá circulam (aviões, helicópteros, caminhões etc.).

Para entender melhor a importância desse tema, vamos nos fundamentar no Anexo 19 da Icao – adaptado pelo Departamento de Controle do Espaço Aéreo (Decea) para a realidade brasileira –, que cuida das questões relativas à proteção de pessoas e bens. Vale reforçar que o Anexo 19 é aplicável às funções de gerenciamento de segurança operacional relacionadas ou que o ferecem suporte direto à operação segura das aeronaves (Anac; Icao, 2013). Desse modo, o documento não impõe exatamente como cada Estado deve proceder na identificação daquilo que é importante ou tem determinado valor (material) em sua infraestrutura. Na verdade, os anexos são normativas técnicas, e não "receitas" de como fazer as atividades neles contempladas. Nessa perspectiva, o Anexo 19 deixa a cargo do Estado a definição dos bens e das instalações de sua infraestrutura que devem ser protegidos, bem como das formas e atividades que devem ser adotadas para garantir sua segurança operacional.

Para melhor esclarecer esse ponto, vejamos dois itens desse documento que retratam as instruções de como cada Estado deve lidar com o tema:

15.6 Coleta de dados de segurança operacional

[...]

> 5.1.1 Cada Estado deverá estabelecer um sistema obrigatório de notificação de incidentes para facilitar a coleta de informações sobre reais ou potenciais deficiências de segurança.
>
> 5.1.2 Cada Estado deverá estabelecer um sistema voluntário de notificação de incidentes para facilitar a coleta de informações sobre reais ou potenciais deficiências de segurança que podem não ser detectadas pelo sistema obrigatório de notificação de incidentes. (Anac; Icao, 2013, p. 22)

Observamos no trecho citado a ocorrência do termo *deverá*, ou seja, trata-se de uma obrigação (dever) dada ao Estado, que terá de fazer a gestão de seus aeroportos de maneira a colocar em prática as recomendações contidas nos anexos. Por outro lado, também percebemos que a Icao dá ao Estado a liberdade de estabelecer as formas de operar e administrar esses deveres.

Vamos a outro exemplo do Anexo 19, relativo ao compartilhamento de informações de segurança operacional:

5.4 Intercâmbio de informações de segurança operacional

5.4.1 Recomendação. – Se um Estado, ao analisar as informações contidas na sua base de dados, identificar questões de segurança consideradas de interesse para outros Estados, recomenda-se que transmita tais informações o mais rapidamente possível.

5.4.2 Recomendação. – Recomenda-se que cada Estado estabeleça redes de compartilhamento de dados sobre segurança entre os usuários do sistema de aviação e facilite a livre troca de informações sobre deficiências reais e potenciais. (Anac; Icao, 2013, p. 23)

Nesse exemplo, podemos observar recomendações importantes, cujo único objetivo é estimular a cultura de segurança no meio da aviação internacional. Esse é um aspecto bem comum na aviação, pois garante a troca constante de experiências entre os países e possibilita a criação para cada um deles de uma base de conhecimentos já adquiridos, de modo a mitigar riscos de forma preditiva e proativa mediante lições aprendidas por outros Estados, reduzindo-se risco, tempo, investimento e perda de vidas humanas.

De maneira geral, a Icao, por meio de seus anexos técnicos, mostra que os Estados que detêm uma infraestrutura aeroportuária devem planejar, organizar, desenvolver, manter, controlar e melhorar continuamente seu plano de segurança operacional de forma que atendam aos próprios objetivos de segurança (Anac; Icao, 2013). Em síntese, deve-se respeitar as especificidades da lei e das características particulares de cada nação.

6.4 Identificação das possíveis ameaças

O termo *ameaça* na área de aviação é tratado de maneira muito criteriosa e sempre (ou quase sempre) remete às possibilidades de ataques terroristas. Essa é uma situação que preocupa todos os países, desde os que mais se defrontam com ela até os mais pacíficos e considerados seguros.

Como explicamos anteriormente, um ambiente aeroportuário é complexo e bastante vulnerável, pois ali todos os dias transitam milhões de pessoas de diversas partes do mundo, com inúmeros tipos de utensílios que podem oferecer perigo. O perigo não se limita às aeronaves que vão viajar, estendendo-se ao aeroporto em si, já que este conta com áreas de extrema fragilidade que, uma vez afetadas, poderão acarretar danos irreparáveis à vida humana e ao patrimônio (equipamentos de transporte aéreo e terrestres, equipamentos de comunicação, postos de combustíveis e outros).

Seguindo as normas internacionais da Icao, a Anac estabelece em suas atribuições um mínimo aceitável de riscos e ameaças no ambiente aeroportuário, bem como para aeronaves civis brasileiras em operação. Esses riscos mínimos são designados na agência como *nível aceitável de segurança operacional* (Naso) e estão relacionados à segurança operacional da atividade global da aviação civil. A Anac deve definir quais atividades devem ser desenvolvidas para que todos os envolvidos, direta ou indiretamente, possam atingir tais níveis na logística da aviação civil brasileira.

Ao estabelecer os itens da Naso, a Anac avalia:

› os níveis de risco que correspondem às ameaças envolvidas nas operações aeroportuárias;
› o cumprimento das metas de segurança operacional;
› a tolerabilidade desses riscos;
› o custo-benefício das melhorias para o sistema de segurança operacional;
› a expectativa da própria sociedade para o próprio sistema (Anac, 2021).

Atualmente, a Anac (2009) determina um Naso de redução de 50% no valor do indicador definido pelo número de acidentes ponderados pela exposição ao risco da aviação civil. Para entender esse indicador, a Anac e a Icao utilizam como base a taxa anual de acidentes aeronáuticos envolvendo mortes de passageiros em operações regulares (aviação de transporte de passageiros), fornecida pelas grandes empresas aéreas. Esse índice estabelece que, a cada 100 mil decolagens, excluindo-se atos de interferência ilícita (sequestros), 98% alcançam sucesso. Assim, cabe à Anac supervisionar e assegurar, em parceria com os responsáveis pela segurança operacional dos aeroportos e companhias aéreas – membros do sgso de cada empresa –, que as atividades relacionadas à segurança operacional sejam cumpridas para que tais índices sejam atingidos.

O Gráfico 6.1, a seguir, demonstra o objetivo da Anac no cumprimento da segurança operacional envolvendo passageiros na aviação civil brasileira.

Gráfico 6.1 – *Taxa de acidentes envolvendo fatalidades entre passageiros, em transporte aéreo regular de passageiros – projeção da meta (2009)*

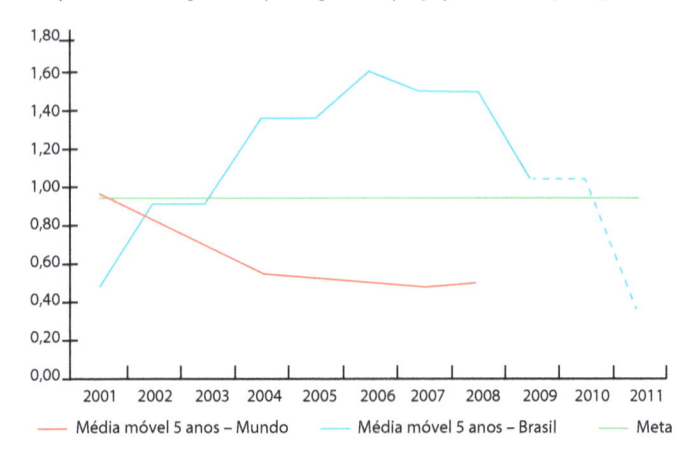

```
          ── Média móvel 5 anos – Mundo    ── Média móvel 5 anos – Brasil    ── Meta
```

Fonte: Anac, 2009, p. 17.

Em virtude dos ataques de 11 setembro de 2001 nos Estados Unidos, os níveis aceitáveis de segurança nos aeroportos espalhados por todo o mundo se intensificaram ainda mais. Embora percebamos a presença de profissionais da segurança em pontos específicos (por exemplo, na área de embarque, com sistemas de vistoria de bagagens de mão), após o aumento dos ataques terroristas enfrentados por todo o mundo, a tecnologia contra ameaças vem sendo gradativamente melhorada para a mitigação de riscos.

Da mesma forma que passageiros passam por vistorias eletrônicas e físicas nos aeroportos – realizadas pelos técnicos de segurança operacionais nos locais de embarque –, bagagens despachadas para as aeronaves por meio de esteiras rolantes também são alvo de fiscalização por aparelhos sofisticados (Figura 6.2). Afinal, podem conter objetos perigosos que trazem risco aos voos, bem como produtos relacionados ao tráfico internacional de drogas. Objetos despachados por empresas que usam apenas o serviço de carga das companhias aéreas, como malotes e entregas comerciais, igualmente são aferidos quanto ao conteúdo a fim de se identificarem aqueles que possam representar riscos aos voos e ao ambiente aeroportuário.

Figura 6.2 – Exemplo de imagem de raio-X utilizado nas áreas de segurança dos aeroportos

Portanto, todos os locais que compõem um aeroporto são mantidos em constante vigília por todo o time do setor de segurança operacional, tendo em vista a alta criticidade das operações nessa área. As atividades de monitoramento seguem estritamente as recomendações e imposições do órgão internacional (Icao) e são constantemente auditadas pelo órgão nacional (Anac) para que se cumpram os objetivos da manutenção do Naso, conforme já mencionamos. Em síntese, não se trata simplesmente de uma segurança patrimonial tratada por profissionais com experiência nesse sentido, mas de uma equipe altamente treinada que utiliza processos formais, baseada em regulamentações globais da aviação civil, e que aplica em cada processo ações de proatividade e ações preditivas para mitigar riscos nesses setores.

6.5 Contramedidas de segurança e identificação de vulnerabilidades de aeronaves e aeroportos

Como já explicamos, os aeroportos são áreas de altíssimo risco e assim denominados pelas equipes de SGSO, o que não se deve apenas ao fato de que ali e nas imediações existem equipamentos ou substâncias perigosos. Considera-se também que nesses locais há muitas pessoas, algumas treinadas para seguir os regulamentos de segurança, outras não. Todas essas pessoas estão, em sua maioria, operando dentro dos Provedores de Serviços da Aviação Civil (Psac), que atuam nos mais diversos segmentos (hangares, manutenção de pistas, infraestrutura predial dos terminais, lojas comerciais dos terminais de embarque etc.). Todos, sem exceção, estão ligados direta ou indiretamente às operações de voo e são alvo de monitoramento e fiscalização constantes tendo em vista a mitigação de riscos.

Na prática, os membros das equipes de SGSO "garimpam" informações e evidências que podem levar ao risco de acidentes ou incidentes ou mesmo à própria possibilidade de gerar um risco. Para isso, são levados em consideração diversos fatores que podem motivar tais situações de risco, como os citados no Programa de Segurança Operacional Específico da Anac (Anac, 2015):

> › **Fusões ou aquisições no contexto organizacional**: riscos relacionados a expansões de estrutura física de empresas instaladas nos aeroportos.
> › **Falta de sinalização adequada**: nas pistas de taxiamento de aeronaves, nos corredores de tráfego de veículos de carga,

nos pátios dos aeroportos, nos locais em que transitam passageiros que embarcam ou desembarcam etc.

> **Aves próximas das áreas de pouso e decolagem de um aeródromo**: algo motivado pelo crescimento natural da fauna local e pelo acúmulo de lixo (que atrai esses animais).
> **Não cumprimento do *checklist* mínimo operacional ao iniciar a operação de uma aeronave**: realizado pelas operações de solo (caminhão de combustível, por exemplo) ou pelos tripulantes (pilotos e comissários de voo).
> **Falha de um rádio de comunicação**: problemas técnicos da telefonia aeronáutica ou radiocomunicadores em solo.
> **Instrumentos de medição ou ferramentas com deficiências de calibração**: qualquer instrumento de aferição cujas informações não sejam confiáveis (aparelhos meteorológicos que informam condições de velocidade de vento nas pistas de pouso e decolagem).
> **Falta de procedimento de passagem de serviço**: ausência de documentação formal do histórico das atividades executadas e a serem executadas pelos times que se revezam nas tarefas de determinado setor (mecânicos de voo nos hangares de manutenção de aeronaves).
> **Ambiente de trabalho barulhento**: prejuízos auditivos aos colaboradores, bloqueio na atenção exigida para determinadas tarefas mais complexas ou de risco etc.

Todos esses eventos podem trazer evidências que ajudam as equipes de segurança operacional a tomar medidas de mitigação de risco.

A seguir, destacamos alguns métodos aplicados pelas equipes de SGSO para identificar perigos no ambiente aeroportuário:

› **Brainstorming**: consiste em reuniões internas para discussão de assuntos de segurança operacional de forma não crítica.
› **Pesquisas ou questionários com a equipe**: são aplicados também aos encarregados pelos Psac.
› **Relatos voluntários**: são disponibilizadas diversas formas de comunicação para que qualquer pessoa possa informar (ou denunciar) uma evidência de perigo ou que possa levar a tal condição. Esses relatos podem ser feitos também de maneira anônima, preservando-se a identidade do relator, o que motiva bastante que mais pessoas denunciem alguma irregularidade sem necessariamente se expor. Um exemplo prático desse meio de comunicação é o Relatório de Prevenção de Acidentes Aeronáuticos – Relprev (Infraero, 2020), que a Infraero disponibiliza publicamente em seu portal eletrônico para que qualquer pessoa possa registrar assuntos relacionados a riscos ou perigos em determinado aeroporto, como: descumprimento de normas; movimentação irregular; obstáculos; passageiro transitando em lugar impróprio; risco aviário/fauna; e obstrução de rotas de fuga. A Figura 6.3 mostra o formulário Relprev disponibilizado pela Infraero.

Figura 6.3 – **Relatório eletrônico de prevenção de acidentes aeronáuticos**

[Formulário RELPREV – Relatório de Prevenção, com campos: Aeroporto (Airport), Data (Date), Hora (Time), Assunto (Subject), Local (Place), Pessoal envolvido e/ou aeronave (Personal and/or aircraft involved), Organização (Organization), Situação (Situation).]

Fonte: Infraero, 2020.

> **Inspeções internas de segurança operacional**: são realizadas de forma regular e constante.
> **Investigações internas e externas de segurança operacional**: trata-se de uma atividade proativa que busca possíveis evidências de risco e perigo.

As equipes ligadas à segurança operacional dos aeroportos também contam com aliados pares (outras equipes similares) em alguns Psac que contribuem como estimuladores da cultura de segurança operacional nas organizações instaladas nos aeroportos. Todas essas pessoas se unem para reforçar tal cultura para que todos estejam sempre engajados na busca de evidências que levem à identificação de perigos.

Diversas são as ferramentas utilizadas na "guerra" para a mitigação dos riscos que aumentem qualquer vulnerabilidade de aeroportos, passageiros e aeronaves que por ali trafegam.

A seguir, no Quadro 6.1, apresentamos alguns exemplos aplicados para estimular o engajamento dos envolvidos, evitando-se, assim, que as pessoas ignorem os perigos caso sejam influenciadas pela rotina.

Quadro 6.1 – *Métodos de identificação de perigos*

Reforçando a identificação de perigos				
Procure em seu ambiente de trabalho coisas que poderiam comprometer a segurança.	Compartilhe as melhores práticas.	Revise relatórios de acidentes e incidentes aeronáuticos.	Envolva todo o pessoal-chave na identificação de perigos.	Revise ocorrências de segurança operacional anteriores e também erros.
Envolva seus funcionários, pois eles podem notar coisas que não são óbvias para você.	Pergunte a outras organizações semelhantes quais perigos foram identificados na operação, como descobriram e quais ações foram estabelecidas.	Eles podem ajudar a identificar perigos menos óbvios.	Equipes multidisciplinares são mais eficazes nesse processo, pois assim será possível ter uma visão global da organização.	Isso ajudará a entender perigos recorrentes e suas probabilidades.

Fonte: Anac, 2022, p. 10.

Todo método que possa envolver o maior número de pessoas na busca pela cultura da segurança operacional é bem-vindo por parte dos integrantes das equipes de SGSO. Uma vez relatado ou identificado um perigo, essa equipe será responsável por tratar dele, seja diretamente, seja por meio da ação de profissionais, órgãos ou empresas capacitadas para tal. Confira a seguir um exemplo de identificação de perigo relatado em determinado aeroporto.

Perigo: A presença de objetos estranhos na pista de pouso e decolagem

Causas: A presença de objetos estranhos na pista de pouso e decolagem pode ser resultante de:
- Falta de atenção do pessoal que atua em solo
- Danos na aeronave que provocaram a queda de algum item
- Sujeira e descuido nas áreas próximas à pista de pouso e decolagem

Todos os FOD (Foreign Object Debris), traduzidos como objetos estranhos, identificados e recolhidos no aeródromo, devem ser registrados, analisados e avaliados. Quando apropriada, uma investigação deve ser realizada para identificar a fonte dos FOD.

As fontes de FOD, incluindo a sua localização e as atividades que geram FOD no aeródromo, devem ser identificadas e registradas. Essas informações devem ser analisadas para identificar tendências e áreas problemáticas, bem como concentrar os esforços do programa de controle de FOD.

Alguns aeroportos mapeiam essas áreas de risco e priorizam o monitoramento da área operacional em função das áreas de maior incidência de FOD.

O programa de controle dos FOD deve ser periodicamente revisto e atualizado com base nos dados e tendências identificados por meio da avaliação dos FOD recolhidos no aeródromo.

Fonte: Anac, 2022, p. 12.

Diante de um caso como o apresentado, compete à equipe de SGSO fazer uma avaliação dos desdobramentos desse tipo de perigo e classificar o nível de importância e prioridade que deve ser dado ao caso. Para isso, é preciso haver uma profunda avaliação do risco acarretado por tais consequências.

Cabe aqui a definição de risco usualmente utilizada pela equipe de SGSO, adotada pela própria Anac (2022, p. 15): "Risco é a avaliação das consequências de um perigo, expressa em termos de probabilidade e severidade, tomando como referência a pior condição possível".

Após a identificação dos riscos ou perigos, deve-se avaliá-los para determinar sua probabilidade e severidade. Aqueles que representam os maiores riscos são priorizados e tratados de maneira diferenciada.

Para melhor classificar esses riscos, o *Guia de gerenciamento de riscos da aviação* (Anac, 2022) sugere uma categorização por níveis conforme determinadas probabilidades do perigo iminente, como consta no Quadro 6.2.

Quadro 6.2 – *Exemplo de tabela de avaliação de probabilidade de uma ocorrência*

Categoria	Significado	Valor
Frequente	É provável que ocorra o evento muitas vezes (tem ocorrido frequentemente)	5
Ocasional	É provável que ocorra o evento algumas vezes (tem ocorrido com pouca frequência)	4
Remoto	Improvável que ocorra o evento, mas é possível que venha a ocorrer (ocorre raramente)	3
Improvável	Bastante improvável que o evento ocorra (não se tem notícia de que tenha ocorrido)	2
Extremamente improvável	Quase impossível que o evento ocorra	1

Fonte: Anac, 2022, p. 16.

Com base nas categorizações sugeridas no Quadro 6.2, a equipe precisa qualificar o nível de severidade que tal perigo ou risco poderá assumir pelas consequências originadas.

Confira na Figura 6.4 um exemplo sugerido pela Anac em seus treinamentos oferecidos às equipes de SGSO.

Figura 6.4 – **Exemplo para qualificação de níveis de severidade dos riscos**

Fonte: Anac, 2022, p. 17.

Pode-se, ainda, estimar as severidades como:

› materiais;
› financeiras;
› relacionadas à responsabilidade legal;
› pessoais;
› ambientais;
› relacionadas à imagem da empresa;
› relacionadas à confiança do público.

Para fins de qualificação da severidade, esta pode ser avaliada em diferentes escalas, podendo apresentar desde "impacto insignificante" até "consequências catastróficas". Confira no Quadro 6.3 um detalhamento mais específico dos níveis dessas escalas.

Quadro 6.3 – *Categorização dos níveis de severidade de acordo com os impactos*

Categoria	Significado	Valor
Catastrófica	Destruição dos equipamentos; múltiplas mortes.	A
Crítica	Redução importante das margens de segurança operacional, dano físico ou uma carga de trabalho tal que os operadores não podem desempenhar suas tarefas de forma precisa e completa; lesões sérias; graves danos ao equipamento.	B
Significativa	Redução significativa das margens de segurança operacional; redução na habilidade do operador em responder a condições operacionais adversas como resultado do aumento da carga de trabalho ou como resultado de condições que impedem sua eficiência; incidente sério; lesões às pessoas.	C
Pequena	Interferência; limitações operacionais; utilização de procedimentos de emergência; incidentes menores.	D
Insignificante	Consequências leves.	E

Fonte: Anac, 2022, p. 18.

Quando os membros da equipe de SGSO identificam determinada evidência de perigo, devem considerar as regras listadas no Quadro 6.3 para qualificá-las, a fim de que haja uma formalização-padrão para fins de informação e de tomadas de decisão e ações efetivas para as correções necessárias, conforme a urgência dos casos.

A fim de orientar melhor as equipes, foi criada a matriz de tolerância e risco (Tabela 6.1), que serve como norte no apontamento dos riscos quanto ao nível de tolerância dentro do ambiente no qual eles foram identificados.

Tabela 6.1 – Matriz de tolerabilidade de risco

			Severidade				
			A	B	C	D	E
			Catastrófica	Crítica	Significativa	Pequena	Insignificante
Probabilidade	5	Frequente	5A	5B	5C	5D	5E
	4	Ocasional	4A	4B	4C	4D	4E
	3	Provável	3A	3B	3C	3D	3E
	2	Improvável	2A	2B	2C	2D	2E
	1	Extremamente improvável	1A	1B	1C	1D	1E

Fonte: Anac, 2022, p. 19.

Repare que na matriz apresentada os riscos são categorizados em quadrantes, levando-se em consideração duas variáveis:

1. **Nível de severidade**: apresenta cinco categorias, que vão de catastrófica (maior severidade) até insignificante (menor severidade).
2. **Nível de probabilidade**: dividido em cinco categorias, vai de frequente (mais urgente) até extremamente improvável (menos urgente).

Esses quadrantes foram elaborados para ajudar os integrantes das equipes ligadas às operações do SGSO na identificação e na classificação dos riscos com o objetivo de mitigar os riscos nos ambientes aeroportuários, sempre seguindo as normativas da Icao. Em síntese, uma vez que se aplica tal metodologia, é possível uma padronização de processos e procedimentos de forma similar ao que se faz em todos os países que integram essa organização.

6.6 Metodologia e análise de risco

Vimos anteriormente que o gerenciamento de risco só é possível se for realizado de maneira ordenada, documentada e com informações e evidências claras para que possam ser cautelosamente administradas. A aviação mundial não foge à regra, e isso pode ser percebido no próprio modelo que a Icao estabelece como base para os processos de gestão de risco que devem ser aplicados pelos órgãos internacionais, como os Psac de cada país.

Observe na Figura 6.5 o modelo adotado pela Icao e, consequentemente, pela Anac nos processos de gestão de risco voltados à aviação civil.

Figura 6.5 – **Fluxograma do gerenciamento de risco**

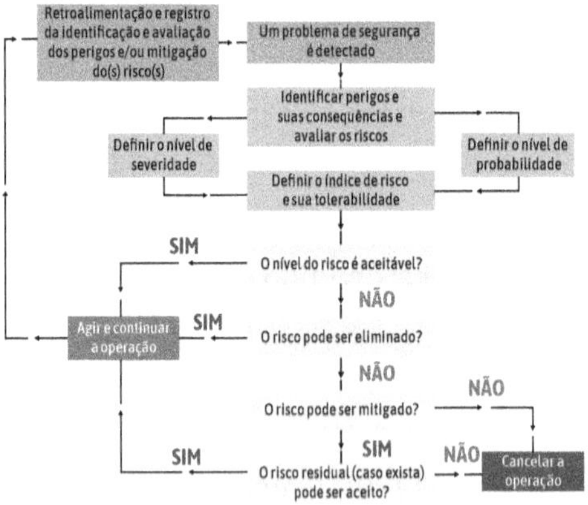

Fonte: Anac, 2022, p. 26.

Outro método aplicado pelas equipes de segurança operacional está ligado ao que é conhecido como *As Low as Reasonably Practicable* (Alarp), traduzido como "tão baixo quanto razoavelmente praticável". Esse princípio tem o seguinte fundamento:

"Todos os esforços devem ser feitos para reduzir os riscos para o nível mais baixo possível até chegar a um ponto em que o custo da introdução de medidas de segurança adicionais supera significativamente o benefício de segurança" (Anac, 2022, p. 20).

Em outras palavras, todos os esforços são válidos, desde que voltados à mitigação de riscos e ao afastamento dos perigos oriundos desses riscos. Assim, no contexto da segurança aeroportuária, um risco só deve ser tolerado se puder ser demonstrado que há um benefício claro em fazê-lo.

O Alarp é um princípio que identifica o risco com base em três categorias, segundo o *Guia para gerenciamento de riscos da aviação* (Anac, 2022):

1. **Riscos inaceitáveis**: "são classificados como inaceitáveis independentemente dos benefícios associados à atividade. Um risco inaceitável **deve ser eliminado ou reduzido**, de modo que recaia numa das outras duas categorias. Do contrário, deve haver razões excepcionais para que a atividade ou a prática continuem" (Anac, 2022, p. 20, grifo nosso). Para que um risco seja eliminado, é preciso que haja estudos sobre ele de modo que, de forma preditiva, seja utilizada a tecnologia necessária para esse risco não se tornar recorrente.
2. **Riscos toleráveis**: estão relacionados com os requisitos estabelecidos pela empresa, enquadrados pela sua equipe de segurança operacional como sendo de possível controle quanto às consequências que tais riscos podem gerar.
3. **Riscos aceitáveis**: "são considerados **suficientemente baixos e bem controlados**. A redução do risco é necessária apenas se estiverem disponíveis medidas razoavelmente praticáveis. Riscos

amplamente aceitáveis são aqueles que as pessoas consideram insignificantes ou triviais" em seu cotidiano ou que existem mas não têm nenhuma mitigação praticável (Anac, 2022, p. 21, grifo nosso). Por exemplo, "a maioria das organizações aceita que seu pessoal pode sofrer ferimentos em seu caminho para o trabalho", porém tem "pouco controle sobre o que acontece em estradas públicas" (Anac, 2022, p. 21).

A Figura 6.6, a seguir, demonstra de forma gráfica como o Alarp divide tais categorias.

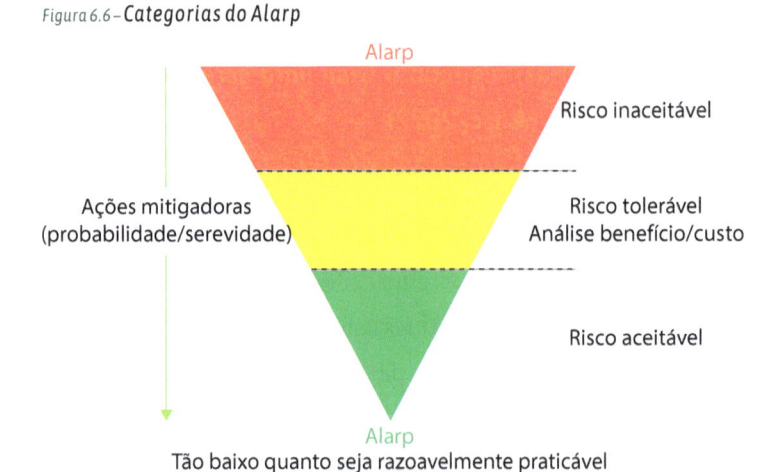

Figura 6.6 – *Categorias do Alarp*

[Figura: triângulo invertido dividido em três faixas — vermelha (topo): Risco inaceitável; amarela (meio): Risco tolerável / Análise benefício/custo; verde (base): Risco aceitável. À esquerda: Ações mitigadoras (probabilidade/severidade). Rótulos "Alarp" no topo e na base. Abaixo: Tão baixo quanto seja razoavelmente praticável.]

Fonte: Anac, 2022, p. 21.

Aqui cabe um questionamento importante: Como estabelecer um nível aceitável de risco? Essa é uma questão bem delicada, pois frisamos bastante o cuidado que é tomado na gestão aeroportuária com as variáveis que levam ao risco e acarretam os perigos. Então, trata-se de uma situação muito complexa e que exige das equipes de segurança operacional – sempre envolvendo os Psac – um estudo minucioso dessas definições.

Segundo a Icao, para determinar se um risco é tolerável, é necessária a criação de critérios:

> Sempre que uma avaliação especializada ou as boas práticas não forneçam evidências de que as ações mitigadoras são razoavelmente praticáveis, pode ser necessária uma análise de custo-benefício. Isto determina se o custo da implementação de uma medida ou defesa específica é muito desproporcional ao benefício de segurança associado. (Anac, 2022, p. 21)

Não podemos deixar de reforçar que essa decisão deve ser sempre tomada com os dirigentes dos Psac, já que isso impactará diretamente os respectivos negócios.

Se o controle de risco proposto representa uma boa prática, cumpre com padrões, regras ou procedimentos da indústria da aviação, é relevante e está bem estabelecido, ele pode significar evidência suficiente para se concluir que o risco é razoavelmente praticável. Logicamente, para isso, tais comparativos devem referenciar as normativas estabelecidas pela Icao e pela Anac para que não incorram em procedimentos não padronizados.

Após essas definições, os próximos passos serão a determinação dos níveis de risco e a avaliação das defesas ou dos controles estabelecidos para verificar a efetividade deles em relação ao perigo identificado. Para isso, as equipes utilizam questionamentos como:

› As defesas funcionam como foram projetadas?
› A defesa está atuando para diminuir a probabilidade ou a severidade do risco?

› São necessárias outras medidas adicionais para a mitigação dos riscos?
› O pessoal operacional está adaptado a essa nova medida?
› Essa nova medida pode trazer novos perigos à operação? As defesas são compatíveis com as condições atuais de trabalho?
› A medida foi implementada corretamente?

Trata-se de pontos-chave que podem ser considerados para aprofundar a análise do ambiente de cada empresa (aeroportos, hangares, terminais de carga etc.) com vistas a reduzir o número de variáveis que levam ao risco e ao perigo.

Vejamos a seguir mais um exemplo para fixar esse conceito.

Em uma operação de abastecimento com bomba, a falta de aterramento no momento do abastecimento pode gerar uma explosão. Como medidas mitigadoras, foi realizado o aterramento e estabelecida a obrigatoriedade de realizar o abastecimento de forma acompanhada.

Para avaliar a efetividade destas medidas, o operador poderá se perguntar:

1 – O novo procedimento de abastecimento acompanhado está sendo realizado adequadamente?

2 – A equipe foi instruída sobre o novo procedimento?

3 – Este novo procedimento poderá gerar sobrecarga de trabalho para a equipe que realiza o abastecimento?

4 – A probabilidade de acontecer uma explosão vai realmente diminuir com o aterramento e o abastecimento acompanhado?

> Uma avaliação de risco não precisa ser perfeita, mas deve ser adequada e suficiente.

Fonte: Anac, 2022, p. 22.

As operações de segurança na aviação como um todo, como já mencionamos, são integralmente realizadas mediante a aplicação de procedimentos formais a fim de garantir qualquer rastreabilidade que leve a evidências ou históricos que gerem aprendizagens importantes para a mitigação de futuros riscos. Tais medidas são seguidas mundialmente e compartilhadas em todo o ecossistema da aviação civil e militar. Sob essa premissa, torna-se intolerável e inaceitável que procedimentos sejam realizados pelas equipes de SGSO sem a confecção de documentos que conservem a essência dos estudos e levantamentos feitos nas operações de segurança.

Confira a seguir um exemplo prático adotado pelo Aeroporto de Viracopos, em Campinas (SP), voltado à mitigação de riscos por meio de sua metodologia de análise de risco para o desenvolvimento de atividades específicas em relação à configuração desse ambiente. Tais atividades são elaboradas, discutidas, praticadas e gerenciadas pela equipe de SGSO, em conjunto com os Psac ali instalados.

a) Administrar o Sistema de Gerenciamento da Segurança Operacional.

b) Apoiar o corpo gerencial do aeroporto nas ações de gerenciamento da segurança operacional sob suas respectivas competências.

c) Coordenar e supervisionar as atividades administrativas e operacionais associadas ao SGSO.

d) Instruir os processos de gerenciamento de risco em tramitação no SGSO.

e) Programar e coordenar a realização de reuniões técnicas destinadas à identificação de perigos e análise de risco.

f) Elaborar caderno referente ao desempenho de segurança operacional.

g) Coordenar a realização de reuniões ordinárias da Comissão de Segurança Operacional (CSO), visando a divulgação do resultado de desempenho da segurança operacional, conjuntamente com os membros da comissão, emitir proposta de ações para buscar o alcance dos índices aceitáveis de segurança operacional [sic].

h) Agendar e coordenar a realização de reuniões extraordinárias da Comissão de Segurança Operacional (CSO) para gerenciamento de risco à segurança operacional decorrentes de perigos identificados, observando a urgência requerida para cada caso e convocando membros técnicos do operador de aeródromo e/ou de organizações externas (organizações prestadoras de serviços públicos, empresas aéreas, empresas de serviços auxiliares do transporte aéreo, empresas de combustível e outras organizações envolvidas diretamente com os sistemas, processos, procedimentos, equipamentos e/ou infraestrutura afetados), visando a agilidade da conclusão do respectivo processo. (Coltro; Santos, 2015, p. 44-45)

Os dados a seguir estão relacionados às operações de aeronaves críticas, como o Boeing 747, que é de maior porte, as quais podem ser atendidas dentro dos limites aceitáveis de segurança no Aeroporto de Viracopos. Em razão de as dimensões da aeronave que pretende iniciar suas operações serem maiores do que as da aeronave crítica, é necessária a elaboração da análise de risco para apontar os riscos e as devidas ações para prevenção e mitigação. Os riscos em virtude da nova operação incluem: "Colisão com outra aeronave ou objeto; Saída lateral da aeronave das superfícies pavimentadas; Danos ao motor por ingestão de objetos estranhos; Danos ao pavimento da pista principal ou pista de táxis" (Coltro; Santos, 2015, p. 45).

Os riscos levantados pela equipe de SGSO estão associados às dimensões operacionais das pistas de pouso de decolagem e sua infraestrutura: "Largura da pista de pouso e seus acostamentos; Largura da pista de táxi e seus acostamentos; Posições de estacionamento de aeronave e objetos adjacentes; Resistência do pavimento" (Coltro; Santos, 2015, p. 45).

Com base nessas evidências, a equipe preparou, com base em um quadrante de análise de riscos, um mapa dos pontos críticos e fez o devido enquadramento de acordo com os níveis de severidade e probabilidade, conforme é possível observar no Quadro 6.4.

Quadro 6.4 – Quadrante de análise de risco – Aeroporto de Viracopos (SP)

	Análise	
Identificação de perigos	Ingestão de detritos durante pouso e geração de detritos na decolagem.	Dificuldade de abordagem da aeronave pelo corpo de bombeiros em caso de emergência.
Causas principais e possíveis fatores contribuintes para acidente	Potência dos motores, erosão no acostamento.	Posição da aeronave, posição do motor e envergadura, ausência de faixa preparada.
Defesas existentes no aeródromo	Inspeção operacional diária na pista de pouso, programa de manutenção preventiva da pista e da faixa de pista.	Faixa de pista com largura de 300 metros, programa de manutenção preventiva da faixa de pista.
Probabilidade/ severidade	3A	3A
Ações mitigadoras	Estabilização da erosão do acostamento com emulsão asfáltica, monitoramento das condições do acostamento nas inspeções diárias.	A ser regularizado, conforme plano de ação corretiva das não conformidades [para certificação do aeroporto para CAT E, a ser entregue à Anac até 14/02/2013].
Probabilidade/ severidade	1A	1A

Fonte: Coltro; Santos, 2015, p. 45-46.

É possível notar que esse quadrante segue a metodologia sugerida pela Anac, conforme vimos no capítulo anterior, observando os níveis de prioridade de acordo com cada relevância do ambiente aeroportuário. Diante da análise dos riscos expostos, a equipe de SGSO passa a desenvolver um plano de ação para tomar as medidas necessárias. Confira a seguir os pontos de ação tomados para mitigar riscos das operações das aeronaves Boeing 747 nesse aeroporto:

> a) Em virtude dos motores 1 e 4 ocuparem o limite do acostamento, a coordenação de operações deverá providenciar a varrição mecânica ou manual dos acostamentos do sistema de pista.

b) O encarregado de operações deverá providenciar a inspeção do sistema de pista logo após o pouso e a decolagem da aeronave.

c) O controlador de tráfego aéreo deverá priorizar a movimentação da aeronave B747-8 em toda área de manobra.
(Coltro; Santos, 2015, p. 46)

Apenas para fins ilustrativos, cabe destacar que o Aeroporto de Viracopos foi o primeiro no Brasil a ter a concessão da Anac para esse tipo de operação – com esse tipo de aeronave –, considerando-se seus limites operacionais de configuração de pistas. Isso se deve às medidas tomadas pela equipe de SGSO, que apresentou tal modelo de gerenciamento de risco e segue constantemente cuidando para que os procedimentos descritos estejam ativos, com equipes treinadas e conscientes da importância deles.

6.7 Recursos para proteção das instalações aeroportuárias

Existem outras áreas que compõem os aeroportos que precisam ser preservadas no que se refere à segurança, do ponto de vista da mitigação de riscos, tanto para a aviação quanto para a população e a fauna e flora locais. Vejamos cada uma delas, conforme normas estipuladas pelos órgãos reguladores nacionais e internacionais, de acordo com a Portaria n. 1.141/GM5, de 8 de dezembro de 1987 (Anac, 1987), sobre as zonas de proteção e área de segurança aeroportuária.

- **Plano de Zona de Proteção de Aeródromos**: visa regulamentar e organizar o uso do solo nas áreas de aeródromos, estabelecendo restrições impostas ao aproveitamento das propriedades localizadas dentro da zona de proteção deles. Esse plano exige limites para edificações ou qualquer outro objeto que possa representar perigo ou risco às operações aéreas.
- **Plano de Zoneamento de Ruído**: visa mitigar riscos e perigos relacionados ao ruído produzido pelas aeronaves nas imediações dos aeroportos, identificado como causa de malefícios à sociedade local e ao meio ambiente.
- **Área de Segurança Aeroportuária (ASA)**: visa disciplinar a ocupação e o uso do solo nas áreas que cercam os aeroportos, ou seja, estabelece limites de uso conforme ações que possam trazer riscos ou perigos por constituírem focos de atração de aves, que poderão vir a colidir com aeronaves em operação de pouso ou decolagem. Podemos citar como exemplos: construção de matadouros, vazadouro de lixo, curtumes, culturas agrícolas que atraiam pássaros etc.

Todos os pontos citados estão relacionados à proteção tanto patrimonial (aeronaves, veículos terrestres, aeroportos etc.) quanto de pessoas, pois, como já esclarecemos, a prioridade da segurança na aviação são as pessoas, o que inclui passageiros e tripulantes, bem como moradores que vivem perto dos aeroportos.

6.8 Foreign Object Damage (FOD)

Equipes de SGSO também contam com treinamento e recursos tecnológicos para realizar vistorias nas imediações dos aeroportos. Constantemente estão em busca da identificação de dano por objeto estranho (*Foreign Object Damage* – FOD), visando mitigar riscos de danos em aeronaves em operação de táxi, pouso e decolagem.

Figura 6.7 – Recipiente utilizado para coleta de FOD

Mario Hagen/Shutterstock

Os perigos com o FOD podem incluir colisões com pássaros, granizo, gelo, tempestades de areia, nuvens de cinzas e, principalmente, objetos deixados na pista.

Para mitigar tais riscos, as equipes vasculham regularmente pistas de táxi, hangares e pistas de pouso em busca de artefatos que são geralmente expelidos involuntariamente dos veículos que ali trafegam, como parafusos, pregos, rebites e contrapinos.

Figura 6.8 – **FOD encontrados em aeroporto**

Foto cortesia de Aerosweep 'Home of the FOD"BOSS'

O maior risco do FOD para operações aéreas está ligado à ingestão desses objetos pelos motores aeronáuticos (na maioria turbinas), o que pode provocar acidentes, bem como prejuízos mecânicos que geram perigos às operações de voo.

Tais atividades são executadas tanto a olho nu quanto com tecnologias avançadas para esse objetivo. Dependendo do tamanho da infraestrutura do aeroporto, empregam-se recursos que possam trazer maior efetividade ao processo.

Figura 6.9 – **Sistema de remoção de FOD**

Foto cortesia de Aerosweep 'Home of the FOD"BOSS'

Após a coleta do FOD, as equipes registram cada componente com fotos, data da localização, local em que foi encontrado, condições do material e tudo o que for relevante para fins de rastreamento e histórico. Cada evidência pode ajudar não apenas a identificar as causas que levaram esses objetos a estar no local em que foram encontrados, mas também a sinalizar algum acidente que possa acontecer e que possa estar relacionado de alguma forma com esse FOD.

Como já mencionamos, dados relativos ao SGSO são sempre tratados formalmente, e tudo é registrado e guardado para futuros estudos. Com o FOD também não é diferente; as equipes de segurança operacional lidam com todo e qualquer objeto com o máximo de cuidado e registram tudo em documentos formais padronizados pela Icao e pela Anac, conforme os anexos técnicos dessa organização internacional.

Considerações finais

O CONTEÚDO QUE APRESENTAMOS NAS PÁGINAS DESTE LIVRO é meramente voltado ao conhecimento técnico do tema. Todavia, da mesma forma, é importante avaliar e refletir como tal conhecimento será convergente para seu desenvolvimento, leitor, tanto profissional quanto humano, de modo a fazer a diferença na sociedade em que você atuará.

Embora pareça algo complexo de se imaginar, devemos observar que de nada servirão o conhecimento de tal conteúdo e a aplicação dele se suas ações não fizerem a menor diferença – e aqui podemos nos referir às pessoas com quem convivemos em nosso ambiente – para que, de fato, possamos melhorar nosso local de atuação e criar valores que sirvam para construir nossa felicidade.

Finalizamos nossos estudos com um pensamento que pode inspirar ainda mais sua trajetória de desafios em busca de seus objetivos: "O que o mundo mais necessita hoje é de uma era de sabedoria. Por mais informação ou conhecimento que tenhamos, isso não cria necessariamente valor nem traz felicidade. O poder da sabedoria torna o conhecimento e a informação úteis e aplicáveis" (Ikeda, 2017, p. 202).

Lista de siglas

ABNT	Associação Brasileira de Normas Técnicas
AEO	Authorized Economic Operator
AIS	Automatic Identification System (Sistema Automático de Identificação)
Abear	Associação Brasileira das Empresas Aéreas
Alarp	As Low as Reasonably Practicable (tão baixo quanto razoavelmente praticável)
Anac	Agência Nacional de Aviação Civil
Aneaa	Associação Nacional das Empresas Administradoras de Aeroportos
Anvisa	Agência Nacional de Vigilância Sanitária
APR	Análise preliminar de risco
ASA	Área de Segurança Aeroportuária
Basc	Business Alliance for Secure Commerce (Aliança de Negócios para Comércio Seguro)
CAP	Conselho da Autoridade Portuária

CBP	U.S. Customs and Border Protection (Alfândega e Proteção de Fronteiras dos Estados Unidos)
CCA--IMO	Comissão de Assuntos da IMO do Brasil
Cenipa	Centro de Investigação e Prevenção de Acidentes Aeronáuticos
Cesportos	Comissão Estadual de Segurança Pública nos Portos, Terminais e Vias Navegáveis
CFTV	Circuito fechado de televisão
Cindacta	Centro Integrado de Defesa Aérea e Controle de Tráfego Aéreo
Codesp	Companhia das Docas do Estado de São Paulo
Conac	Conselho de Aviação Civil
Conportos	Comissão Nacional de Segurança Pública nos Portos, Terminais e Vias Navegáveis
Coso	Committee of Sponsoring Organizations of the Treadway Commission (Comitê das Organizações Patrocinadoras do Treadway)
CSA	Comissão de Segurança Aeroportuária
CSI	Container Security Initiative
CTPAT	Customs Trade Partnership Against Terrorism (Parceria de Comércio Aduaneiro Contra o Terrorismo)
DAC	Departamento de Aviação Civil
DC	Declaração de Cumprimento
Decea	Departamento de Controle do Espaço Aéreo
EAR	Estudo de avaliação de risco
FAB	Força Aérea Brasileira
FOD	*Foreign Object Damage* (dano por objeto estranho)

GSI-PR	Gabinete de Segurança Institucional da Presidência da República
Iata	International Air Transport Association (Associação Internacional de Transporte Aéreo)
Icao	International Civil Aviation Organization (Organização Internacional da Aviação Civil)
ICI-BR	Instituto de Comércio Internacional do Brasil
IMO	International Maritime Organization (Organização Marítima Internacional)
Infraero	Empresa Brasileira de Infraestrutura Aeroportuária
ISO	International Organization for Standardization (Organização Internacional para Padronização)
ISPS Code	International Ship and Port Facility Security Code
LGPD	Lei Geral de Proteção de Dados
MTPA	Ministério dos Transportes, Portos e Aviação Civil
Naso	Nível aceitável de segurança operacional
OEA	Operador econômico autorizado
OMA	Organização Mundial de Aduanas
OMC	Organização Mundial de Comércio
ONU	Organização das Nações Unidas
PF	Polícia Federal do Brasil
PGR	Processo de gestão de riscos
PMI	Project Management Institute
PMBOK	Project Management Body of Knowledge
PSA	Programa de Segurança Aeroportuária
PSAC	Provedores de Serviços da Aviação Civil
PSP	Plano de Segurança Portuária

PSPP	Plano de Segurança Pública Portuária
RCC	Rescue Coordination Center (Centro de Coordenação e Salvamento)
Relprev	Relatório de Prevenção de Acidentes Aeronáuticos
RF	Receita Federal
SAC	Secretaria de Aviação Civil
Sipaer	Sistema de Prevenção de Acidentes Aeronáuticos
Sisceab	Sistema de Controle do Espaço Aéreo Brasileiro
Sissar	Sistema de Busca e Salvamento Aeronáutico
SGSO	Sistema de Gerenciamento de Segurança Operacional
Solas	Safety of Life at Sea (Convenção Internacional para a Salvaguarda da Vida Humana no Mar)
WBO	World Basc Organization

Referências

5 PONTOS fundamentais para o planejamento de segurança portuária. **RBNA Consult**, 26 set. 2018. Disponível em: <https://rbnaconsult.com/planejamento-de-seguranca-portuaria/>. Acesso em: 25 jan. 2022.

ABNT – Associação Brasileira de Normas Técnicas. **Conheça a ABNT**. Disponível em: <http://www.abnt.org.br/abnt/conheca-a-abnt>. Acesso em: 25 jul. 2021.

ABNT – Associação Brasileira de Normas Técnicas. **ABNT ISO 31000**: Gestão de riscos – Diretrizes. 2. ed. Rio de Janeiro, 2018. Disponível em: <https://www.gov.br/infraestrutura/pt-br/centrais-de-conteudo/iso-31000-de-2018-gestao-de-riscos-pdf>. Acesso em: 9 fev. 2022.

AEO – Authorized Economic Operator. **Guia de implementação dos requisitos do Programa Brasileiro de OEA**. jul. 2021. Disponível em: <https://www.gov.br/receitafederal/pt-br/assuntos/aduana-e-comercio-exterior/importacao-e-exportacao/oea/espaco-do-operador-oea/biblioteca-do-oea/guia-de-implementacao-dos-requisitos-oea_versao-final.pdf>. Acesso em: 25 jan. 2022.

AEO – Authorized Economic Operator. **Gerenciamento de riscos OEA**. Disponível em: <https://www.gov.br/receitafederal/pt-br/assuntos/aduana-e-comercio-exterior/importacao-e-exportacao/oea/biblioteca-do-oea/>

apresentacoes-oea/2020-05-22_ger-riscos-biblioteca.pdf>. Acesso em: 25 jan. 2022.

ALBUQUERQUE, C. E.; ANDRADE, F. S. Análise de riscos com ênfase na segurança portuária: o processo de avaliação de riscos da Conportos e o ISPS Code. **Revista Brasileira de Ciências Policiais**, Brasília, v. 10, n. 1, p. 99-124, jan./jun. 2019. Disponível em: <https://periodicos.pf.gov.br/index.php/RBCP/article/download/580/370>. Acesso em: 25 jan. 2022.

ANAC – Agência Nacional de Aviação Civil. **Aeronaves**. 25 set. 2020. Disponível em: <https://www.gov.br/anac/pt-br/assuntos/dados-e-estatisticas/aeronaves>. Acesso em: 9 fev. 2022.

ANAC – Agência Nacional da Aviação Civil. **Competências**. 21 jan. 2021. Disponível em: <https://www.gov.br/anac/pt-br/acesso-a-informacao/institucional/competencias>. Acesso em: 25 jan. 2022.

ANAC – Agência Nacional da Aviação Civil. **Guia para gerenciamento de riscos da aviação**. Disponível em: <https://www.legiscompliance.com.br/images/pdf/gerenciamento%20_risco_aviacao.pdf>. Acesso em: 25 jan. 2022.

ANAC – Agência Nacional de Aviação Civil. **Instrução Suplementar n. 119-002**. 2012. Disponível em: <https://www.anac.gov.br/assuntos/legislacao/legislacao-1/boletim-de-pessoal/2011/21s2/is-119-002b>. Acesso em: 9 fev. 2022.

ANAC – Agência Nacional da Aviação Civil. Portaria n. 1.141/GM5, de 8 de dezembro de 1987. **Diário Oficial da União**, Brasília, DF, 9 dez. 1987. Disponível em: <https://www.anac.gov.br/assuntos/legislacao/legislacao-1/portarias/portarias-1987/portaria-no-1141-g-m5-de-08-12-1987/@@display-file/arquivo_norma/portaria1141.pdf>. Acesso em: 9 fev. 2022.

ANAC – Agência Nacional de Aviação Civil. **Programa de Segurança Operacional Específico**. 2015. Disponível em: <https://www.anac.gov.br/assuntos/legislacao/legislacao-1/planos-e-programas/psoe-anac/@@display-file/arquivo_norma/PSOE-ANAC.pdf>. Acesso em: 9 fev. 2022.

ANAC – Agência Nacional de Aviação Civil. **Relatório anual de segurança operacional**. 2009. Disponível em: <https://www.icao.int/SAM/SSP/Documents/RELATORIO_2009.pdf>. Acesso em: 9 fev. 2022.

ANAC – Agência Nacional da Aviação Civil; ICAO – International Civil Aviation Organization. **Anexo 19**: Gestão da Segurança Operacional. Montreal, 2013. Disponível em: <https://caacl.org/Files/PortalReady/v000/downloads/anexo-19-traduzido.pdf>. Acesso em: 25 jan. 2022.

ANTAQ – Agência Nacional de Transportes Aquaviários. **Resolução n. 2 da Conferência**. 12 dez. 2002. Disponível em: <https://www.abtp.org.br/downloads/ISPS_Code_port_05142003.pdf>. Acesso em: 8 fev. 2022.

AVIAÇÃO FEDERAL. Disponível em: <https://www.aviacaofederal.com.br/>. Acesso em: 25 jul. 2021.

BRASIL. Decreto n. 6.834, de 30 de abril de 2009. **Diário Oficial da União**, Poder Executivo, Brasília, DF, 4 maio 2009. Disponível em: <http://www.planalto.gov.br/ccivil_03/_ato2007-2010/2009/decreto/D6834.htm>. Acesso em: 25 jan. 2022.

BRASIL. Marinha do Brasil. Capitania dos Portos do Paraná. **Sua segurança no mar é nossa missão**. Disponível em: <https://www.marinha.mil.br/cppr/missao>. Acesso em: 25 jan. 2022a.

BRASIL. Marinha do Brasil. Diretoria de Portos e Costas. **Capitania dos Portos**. Disponível em: <https://www.marinha.mil.br/dpc/node/3505>. Acesso em: 25 jan. 2022b.

BRASIL. Ministério da Defesa. Departamento de Controle do Espaço Aéreo. Disponível em: <https://www.decea.mil.br/>. Acesso em: 25 jul. 2021.

BRASIL. Ministério da Defesa. Departamento de Controle do Espaço Aéreo. **Espaço Aéreo Brasileiro**. Disponível em: <https://www.decea.mil.br/?i=quem-somos&p=espaco-aereo-brasileiro>. Acesso em: 9 fev. 2022c.

BRASIL. Ministério da Economia. Receita Federal. **Institucional**. Disponível em: <https://www.gov.br/receitafederal/pt-br/acesso-a-informacao/institucional>. Acesso em: 25 jan. 2022d.

BRASIL. Ministério da Economia. Receita Federal. **Benefícios gerais**. 4 set. 2015a. Disponível em: <https://www.gov.br/receitafederal/pt-br/assuntos/aduana-e-comercio-exterior/importacao-e-exportacao/oea/beneficios-do-programa-oea/beneficios-gerais>. Acesso em: 9 fev. 2022.

BRASIL. Ministério da Economia. Receita Federal. **Competências da Receita Federal**. Disponível em: <https://www.gov.br/receitafederal/pt-br/acesso-a-informacao/institucional/competencias-1>. Acesso em: 25 jan. 2022e.

BRASIL. Ministério da Economia. Receita Federal. **Estatísticas do Programa OEA**. 4 set. 2015b. Disponível em: <https://www.gov.br/receitafederal/pt-br/assuntos/aduana-e-comercio-exterior/importacao-e-exportacao/oea/estatisticas-do-programa-oea>. Acesso em: 9 fev. 2022.

BRASIL. Ministério da Economia. Receita Federal. **Operador econômico autorizado**. Disponível em: <https://www.gov.br/receitafederal/pt-br/assuntos/aduana-e-comercio-exterior/importacao-e-exportacao/oea>. Acesso em: 25 jan. 2022f.

BRASIL. Ministério da Economia. Secretaria do Tesouro Nacional. **Manual SADIPEM**. Disponível em: <https://conteudo.tesouro.gov.br/manuais/index.php?option=com_content&view=article&id=1569:020334-bens-de-infraestrutura-e-do-patrimonio-cultural&catid=749&Itemid=376>. Acesso em: 25 jan. 2022g.

BRASIL. Ministério da Infraestrutura. **SAC – Secretaria da Aviação Civil**. 2019. Disponível em: <https://www.gov.br/infraestrutura/pt-br/assuntos/conteudo/sac-secretaria-de-aviacao-civil12552>. Acesso em: 25 jul. 2021.

BRASIL. Ministério da Infraestrutura. **Sistema Portuário Nacional**. 17 mar. 2015c. Disponível em: <https://www.gov.br/infraestrutura/pt-br/assuntos/transporte-aquaviario/sistema-portuario>. Acesso em: 25 jul. 2021.

BRASIL. Ministério da Justiça. Comissão Nacional de Segurança Pública nos Portos, Terminais e Vias Navegáveis. **Plano Nacional de Segurança Pública Portuária**. Brasília, DF, dez. 2002. Disponível em: <https://www.gov.br/pf/pt-br/assuntos/seguranca-portuaria/planonacionalPNSPPjustiapontogov.pdf>. Acesso em: 25 jan. 2022.

BRASIL. Ministério da Justiça e Segurança Pública. **Comissão Nacional de Segurança Pública nos Portos, Terminais e Vias Navegáveis – Conportos**. 10 set. 2020. Disponível em: <https://www.gov.br/pf/pt-br/assuntos/seguranca-portuaria/conportos>. Acesso em: 25 jan. 2022.

BRASIL. Ministério da Justiça e Segurança Pública. Comissão Nacional de Segurança Pública nos Portos, Terminais e Vias Navegáveis. **Plano de Segurança Portuária**. Disponível em: <https://www.gov.br/pf/pt-br/assuntos/seguranca-portuaria/MinutadePSP240920.pdf>. Acesso em: 25 jan. 2022h.

BRASIL. Ministério da Segurança Pública. Secretaria Nacional de Segurança Pública. Comissão Nacional de Segurança Pública nos Portos, Terminais e Vias Navegáveis. Resolução n. 52, de 20 de dezembro de 2018. **Diário Oficial da União**, Brasília, DF, 27 dez. 2018. Disponível em: <https://www.in.gov.br/materia/-/asset_publisher/Kujrw0TZC2Mb/content/id/56969471>. Acesso em: 25 jan. 2022.

BRASIL. Secretaria de Portos da Presidência da República. Secretaria de Políticas Portuárias. Setor Portuário. Novo Arranjo Institucional. Lei n. 12.815, de 5 de junho de 2013. Reunião dos administradores portuários. Brasília, 11 mar. 2014. Disponível em: <https://slideplayer.com.br/slide/1380054/>. Acesso em: 25 jan. 2022.

CBP – U.S. Customs and Border Protection. **CBP Enforcement Statistics Fiscal Year 2020**. Disponível em: <https://www.cbp.gov/newsroom/stats/cbp-enforcement-statistics-fy2020>. Acesso em: 10 fev. 2022.

CBP – U.S. Customs and Border Protection. **CTPAT**: Customs Trade Partnership Against Terrorism. Dec. 1, 2021. Disponível em: <https://www.cbp.gov/border-security/ports-entry/cargo-security/ctpat?_ga=2.140236855.523597328.1644068542-34830961.1644068542>. Acesso em: 9 fev. 2022.

CENIPA – Centro de Investigação e Prevenção de Acidentes Aeronáuticos. **Missão, visão e valores**. Disponível em: <https://www2.fab.mil.br/cenipa/index.php/component/content/article/5-missao-e-objetivo>. Acesso em: 25 jan. 2022a.

CENIPA – Centro de Investigação e Prevenção de Acidentes Aeronáuticos. **Painel SIPAER – Panorama de ocorrências**. Disponível em: <http://painelsipaer.cenipa.aer.mil.br/QvAJAXZfc/opendoc.htm?document=SIGAER%2Fgia%2Fqvw%2Fpainel_sipaer.qvw&host=QVS%40cirros31-37&anonymous=true>. Acesso em: 7 fev. 2022b.

CICCO, F. **Entenda de vez o processo de gestão de riscos da ISO 31000**. 2020. Disponível em: <https://iso31000.net/processo-de-gestao-de-riscos/>. Acesso em: 25 jul. 2021.

CICCO, F. **Gestão de riscos**: diretrizes para a implementação da ISO 31000. São Paulo: Risk Tecnologia, 2018.

CÓDIGO Internacional para a Proteção de Navios e Instalações Portuárias. Disponível em: <https://www.ccaimo.mar.mil.br/ccaimo/sites/default/files/codigos/ispscodepa_rev.1_0.pdf>. Acesso em: 25 jan. 2022.

COELHO, L. Poder do Estado: papel e conceitos. **Politize!**, 27 maio 2020. Disponível em: <https://www.politize.com.br/poder-do-estado/>. Acesso em: 25 jan. 2022.

COLTRO, A.; SANTOS, A. dos. Gestão de risco na área de movimento em aeroporto. **Revista de Ciências Gerenciais**, v. 19, n. 30, p. 41-47, 2015. Disponível em: <https://seer.pgsskroton.com/index.php/rcger/article/view/3663/3137>. Acesso em: 9 fev. 2022.

CONHEÇA o Porto: a administração portuária. **A Tribuna**, 7 set. 2019. Disponível em: <https://www.atribuna.com.br/noticias/portoemar/conhe%C3%A7a-o-porto-a-administra%C3%A7%C3%A3o-portu%C3%A1ria-1.66406>. Acesso em: 9 fev. 2022.

DECEA – Departamento de Controle do Espaço Aéreo. **Curso Básico de Busca e Salvamento**. 2011. Disponível em: <https://www.pilotopolicial.com.br/Documentos/SAR/ApostilaSAR.pdf>. Acesso em: 9 fev. 2022.

DIÁRIO DE BORDO. **Informações sobre aviação civil**. 4 jan. 2011. Disponível em: <http://diariodebordohofmann.blogspot.com/2011/01/espaco-aereo-controlado-divisao.html>. Acesso em: 9 fev. 2022.

DGRM – Direção Geral de Recursos Naturais, Segurança e Serviços Marítimos. **Proteção dos navios e das instalações portuárias (ISPS)**. Disponível em: <https://www.dgrm.mm.gov.pt/am-cp-protecao-das-instalacoes-portuarias-e-dos-portos>. Acesso em: 25 jan. 2022.

FONSECA, A. T. A importância das capitanias dos portos e capitanias fluviais na segurança da navegação diante de implementação e fiscalização de normas internacionais e nacionais. **Revista Semana Acadêmica**, v. 1, n. 197, 2020. Disponível em: <https://semanaacademica.org.br/artigo/

importancia-das-capitanias-dos-portos-e-capitanias-fluviais-na-seguranca-da-navegacao-diante>. Acesso em: 25 jan. 2022.

ICAO – International Civil Aviation Organization. **Vision and Mission**. Disponível em: <https://www.icao.int/about-icao/Council/Pages/vision-and-mission.aspx>. Acesso em: 9 fev. 2022.

ICI-BR – Instituto de Comércio Internacional do Brasil. **Estrutura Normativa da Organização Mundial das Aduanas (OMA)**. 29 out. 2009. Disponível em: <https://www.icibr.org/conteudo/144/estrutura-normativa-da-organizacao-mundial-das-aduanas-oma>. Acesso em: 25 jan. 2022.

IKEDA, D. **Educação Soka**. São Paulo: Record, 2017.

IMO – International Maritime Organization. **Brief History of IMO**. Disponível em: <https://www.imo.org/en/About/HistoryOfIMO/Pages/Default.aspx>. Acesso em: 25 jan. 2022.

INFRAERO – Empresa Brasileira de Infraestrutura Aeroportuária. **Sobre a Infraero**. Disponível em: <https://transparencia.infraero.gov.br/sobre-a-infraero/>. Acesso em: 25 jan. 2022a.

INFRAERO – Empresa Brasileira de Infraestrutura Aeroportuária. **Relatório de Prevenção RELPREV**. 31 ago. 2020. Disponível em: <https://www.infraero.gov.br/relprevweb/>. Acesso em: 25 jul. 2021.

INFRAERO – Empresa Brasileira de Infraestrutura Aeroportuária. **Estrutura organizacional**. Disponível em: <https://transparencia.infraero.gov.br/estrutura-organizacional/>. Acesso em: 25 jan. 2022b.

INFRAERO – Empresa Brasileira de Infraestrutura Aeroportuária. **Governança corporativa**. Disponível em: <https://transparencia.infraero.gov.br/governanca-corporativa/>. Acesso em: 25 jan. 2022c.

LOPES, J. D. R. **As funções do Estado, o princípio da legalidade e a separação de poderes no Estado Democrático de Direito**. 2013. Disponível em: <https://jus.com.br/artigos/25053/as-funcoes-do-estado-o-principio-da-legalidade-e-a-separacao-de-poderes-no-estado-democratico-de-direito>. Acesso em: 25 jan. 2022.

MACEDO, L. OMA – A Organização Mundial de Aduanas. **Brasiliense**, 5 maio 2010. Disponível em: <https://www.brasiliense.com.br/oma-a-organizacao-mundial-de-aduanas/>. Acesso em: 25 jan. 2022.

MAKIGUTI, T. **Educação para uma vida criativa**. São Paulo: Record, 1989.

MARITIME SURVEY. **AIS (Automatic Identification System)**. Disponível em: <https://www.maritime-survey.fr/ais-automatic-identification-system-22.html>. Acesso em: 25 jan. 2022.

OBTER aprovação ou alteração do Programa de Segurança Aeroportuária (PSA). **Gov.br**, 21 jul. 2021. Disponível em: <https://www.gov.br/pt-br/servicos/obter-aprovacao-ou-alteracao-do-programa-de-seguranca-aeroportuaria-psa>. Acesso em: 25 jan. 2022.

PATROCÍNIO, C. Organização Mundial das Aduanas (OMA). **Portogente**, 16 abr. 2020. Disponível em: <https://portogente.com.br/portopedia/111760-organizacao-mundial-das-aduanas-oma>. Acesso em: 25 jan. 2022.

PENA, R. F. A. Conceito de Estado. **Mundo Educação**. Disponível em: <https://mundoeducacao.uol.com.br/geografia/conceito-estado.htm>. Acesso em: 25 jan. 2022.

PMI – Project Management Institute. Disponível em: <https://pmidf.org/?gclid=CjwKCAiAl4WABhAJEiwATUnEF8e3f_Im1gg5kP8O1jibVpPgVINkG4dz6M0dsq8KQoFVYtACaLnnwhoC3GgQAvD_BwE>. Acesso em: 25 jul. 2021.

PORTO DE ITAJAÍ. Superintendência do Porto de Itajaí. **Regulamento de Exploração da Administração do Porto de Itajaí**. Itajaí, 2018. Disponível em: <https://www.portoitajai.com.br/download.php?id=2620>. Acesso em: 9 fev. 2022.

RECEITA Federal e seu papel no comércio exterior. **Fazcomex**, 10 dez. 2021. Disponível em: <https://www.fazcomex.com.br/blog/receita-federal-e-o-comex/>. Acesso em: 9 fev. 2022.

REDE BIM. **Introdução**. p. 13-70. Disponível em: <http://www.redebim.dphdm.mar.mil.br/vinculos/000007/000007a8.pdf>. Acesso em: 25 jan. 2022.

SEGRINI, F. S. **O ISPS Code no Brasil e a sua importância para a certificação internacional do navio e da instalação portuária**. 2017. Disponível em: <https://jus.com.br/artigos/57330/o-isps-code-no-brasil-e-a-sua-importancia-para-a-certificacao-internacional-do-navio-e-da-instalacao-portuaria>. Acesso em: 25 jan. 2022.

SGSO – Sistemas de Gerenciamento da Segurança Operacional. **Piloto Policial**, 31 out. 2010. Disponível em: <https://www.pilotopolicial.com.

br/sgso-sistemas-de-gerenciamento-da-seguranca-operacional/>. Acesso em: 9 fev. 2022.

SUAPE – Complexo Industrial Portuário Governador Eraldo Gueiros. **Conselho da Autoridade Portuária**. Disponível em: <http://www.suape.pe.gov.br/pt/porto/conselho-da-autoridade-portuaria>. Acesso em: 25 jan. 2022.

WBO – World Basc Organization. **Member Countries**. Disponível em: <https://wbasco.org/en/institucional-full/member-countries>. Acesso em: 10 fev. 2022a.

WBO – World Basc Organization. **Our Mission, Vision and Objectives**. Disponível em: <http://wbasco.org/en/about-us/our-mission-vision-and-objectives>. Acesso em: 10 fev. 2022b.

WBO – World Basc Organization. **Services and Benefits**. Disponível em: <http://wbasco.org/en/about-us/services-and-benefits>. Acesso em: 10 fev. 2022c.

Sobre o autor

Melkzedek Calabria é mestre em Administração de Empresas pela Universidade Positivo (2018), com ênfase em Tecnologias Disruptivas – desenvolveu trabalhos voltados para o emprego de drones na agricultura de precisão brasileira. É especialista em Gestão de Projetos e Qualidade de Software (2010) e em Gestão de Aviação Civil (2008) pela Universidade Tuiuti do Paraná (UTP) e graduado em Ciências Aeronáuticas (2005) pela mesma instituição. Atua como professor nas áreas de gestão de empresas aéreas e ciências aeronáuticas, bem como na formação de pilotos comerciais de avião e helicóptero. Sua linha de ensino se fundamenta na educação humanística, que visa tanto despertar em cada indivíduo seu potencial criador de valores para a sociedade quanto atribuir a esse sujeito seu real valor social.

Os papéis utilizados neste livro, certificados por instituições ambientais competentes, são recicláveis, provenientes de fontes renováveis e, portanto, um meio **respons**ável e natural de informação e conhecimento.

FSC
www.fsc.org
MISTO
Papel | Apoiando o manejo florestal responsável
FSC® C103535

Impressão: Reproset
Julho/2023